家庭教育

JIATING JIAOYU

高中二年级

总主编——朱永新
本书主编——王文蓉 翟博

漓江出版社
·桂林·

图书在版编目（CIP）数据

家庭教育. 高中二年级 / 朱永新总主编 ；王文蓉，翟博主编. -- 桂林 ：漓江出版社，2023. 8
ISBN 978-7-5407-9124-7

Ⅰ. ①家… Ⅱ. ①朱… ②王… ③翟… Ⅲ. ①高中生—家庭教育 Ⅳ. ①G78

中国版本图书馆 CIP 数据核字（2021）第 138862 号

家庭教育　高中二年级
JIATING JIAOYU GAOZHONG ERNIANJI

总 主 编　朱永新
本书主编　王文蓉　翟　博

出 版 人　刘迪才
选题统筹　李　弘
责任编辑　谢佩珍
装帧设计　黄　洁
责任监印　杨　东

出版发行　漓江出版社有限公司
社　　址　广西桂林市南环路22号
邮　　编　541002
发行电话　0771-5825315
邮购热线　0771-5825315
网　　址　www.lijiangbooks.com
微信公众号　lijiangpress

印　　制　广西民族印刷包装集团有限公司
开　　本　787 mm × 1092 mm　1/16
印　　张　11.75
字　　数　186千字
版　　次　2023年8月第1版
印　　次　2023年8月第1次印刷
书　　号　ISBN 978-7-5407-9124-7
定　　价　32.00元

丛书编委会

总主编　朱永新　国家全民阅读形象代言人。全球最大教育奖项“一丹教育发展奖”得主，国际“爱阅人物奖”得主，“中国阅读三十人论坛”成员，新教育实验发起人，新阅读研究所创办人。出版《未来学校》《致教师》等专著数十部，作品版权输出美国、法国、德国、日本等，被译为 31 种语言。被评为“中国十大教育英才”、中国教育 60 年 60 人、“为了公共利益”年度人物、“2020 年度全国政协委员优秀履职奖”等。

执行主编、小学学段主编　童喜喜　儿童文学作家，教育学者，说写课程创始人。中国十大作家奥运火炬手，全国推动读书十大人物，教育部“全民阅读标准建设工程”咨询专家，美国哈佛中国教育论坛第一位儿童文学作家，“中国阅读三十人论坛”成员兼秘书长。作品输出海外，被译为 3 种语言。

学前、幼儿学段主编　文萍　广西幼儿师范高等专科学校校长，广西教育学会副会长，教育部职业院校教学指导委员会中小学教育专门委员会副主任委员。

学前、幼儿学段主编　杨咏梅　中国教育报家庭教育周刊原主编，第二届中国家庭教育“十佳”公益人物，中国家庭教育学会宣传教育专业委员会副理事长，中国教育学会家庭教育专业委员会常务理事。

小学学段主编　李福灼　南宁师范大学教师教育学院院长。教育部国培计划专家库专家，教育部中小学校长国家级培训专家库专家，教育部-联合国儿童基金会“社会情感学习（SEL）”项目国家级专家。

初中学段主编　石鹏　广西南宁市第十四中学校长，“全国家庭教育创新实践基地”学校带头人，曾获“全国模范教师”“全国优秀教师”“特级教师”“广西基础教育名校长”等荣誉称号。

初中学段主编　殷飞　南京师范大学心理学院副教授，南京师范大学家庭教育研究院副院长，江苏省家庭教育研究会副会长，中国家庭教育学会常务理事。

高中学段主编　王文蓉　南宁师范大学教师教育学院副院长，硕士生导师。教育部全国中小学幼儿园教师培训专家工作组专家，教育部国培计划专家库专家，教育部校长国培计划专家库专家，教育部-联合国儿童基金会“社会情感学习（SEL）”项目国家级专家。广西家庭教育研究会副会长，广西教育学会家庭教育专委会理事长。

高中学段主编　翟博　中国教育报刊社原党委书记、社长。在理论研究、教育研究、新闻和文学写作等多方面取得丰硕成果。

本书编委会

总 主 编： 朱永新

本书主编： 王文蓉　翟　博

副 主 编： 周　敏　谭行绩　吴训慈

本书作者： 周　敏　谭行绩　吴训慈
杨斌勇　史琳琳　黄燕春
庞彩莹　李　慧　董　杨
陆震宇

总　序

家庭是教育的起点

朱永新

我们培育的孩子，是中国美好的明天，是我们共同的未来。每个大人都希望孩子有出息，希望今天的孩子是明天的人才。

但是，无论父母还是老师，我们很多大人在面对孩子的许多问题时，经常力不从心，不知所措。遇到困难的大人们，无论是渴望家庭教育方法的父母长辈，还是希望引导父母做好家庭教育的一线教师，不仅需要倾诉和聆听，更需要得到指导和帮助。这一套为家长量身打造的“家庭教育”丛书，正是为此应运而生。

为了让这套“家庭教育”丛书能够得到更好运用，在编写过程中，我们对各个环节进行了精心的设计。

我们针对0～3岁、幼儿园、小学、初中、高中五个阶段，分别邀请专家学者进行主编：《中国教育报·家庭教育周刊》主编杨咏梅和广西幼儿师范高等专科学校校长、教育学博士文萍主编0～3岁阶段和幼儿园阶段的内容，新教育萤火虫亲子共读公益项目创始人、原新家庭教育研究院理事长、著名儿童文学作家童喜喜和南宁师范大学教师教育学院院长、教授李福灼主编小学阶段的内容，南京师范大学教授、新家庭教育研究院副院长殷飞和南宁市第十四中学校长、正高级教师石鹏主编初中阶段的内容，中国教育学会家庭教育专业委员会常务副理事长、中国教育报刊社原党委书记兼社长翟博和南宁师范大学教师教育学院副院长、广西家庭教育研究会副会长王文蓉主编高中阶段的内容。

这五个阶段的主编，都是活跃在一线的优秀专家，在学术研究上各有造诣，都是家庭教育工作的资深学者，常年奔走在全国各地，对家庭教育的一线情况如数家珍，不仅有着广泛的影响力，更对不同地区的家庭教育特点有着全面把握，让这套丛书的内容能够更好地覆盖不同群体。

我们反复研讨，提出了诸多具体细致的编写要求。比如写作中，围绕相同问题，需要归纳不同背景、不同环境下容易出现的不同类型的状况或做法，分门别类地进行指导，从而让读者在阅读中更容易发现自己的问题和不足，选择方法时更有针对性等。

我们组建了由在中小学、幼儿园工作的优秀教师和全国各地的“新教育种子计划”公益项目的榜样教师组成的作者团队。这些作者本身就活跃在家庭教育的一线，他们每个人都在为丛书添砖加瓦，使得这套丛书更接地气，进一步提高其实用性。

我们以“过一种幸福完整的教育生活”作为宗旨，在内容中贯彻诸多家庭教育的根本理念，如“教育，从家庭开始”“幸福比成功更重要，成人比成才更重要”“阅读和家庭，是教育的两大基石”“母亲是女人最神圣的天职”“父亲是男人最重要的工作”“与孩子一起成长”“教育需要智慧爱”等。

我们反复推敲丛书的体例，形成了一个严密而高效的结构——

导语，对单元目标进行提纲挈领的把握。

案例分析，以当下事件为切入点，提炼重大问题，有的放矢。

了解孩子，明确不同年龄段孩子的主要特点，增进多方了解。

实施指南，以简明扼要的语言提供具体方法。

延伸拓展，围绕相关主题，推荐更多图书、影视或亲子活动，便于按图索骥，亲子共读、共赏、共乐。

评估改进，以现实生活中易犯的错误，结合章节的主题，编写测试题，供读者自测、自评，拟订行动计划。

鲜活的案例、务实的分析、高效的方法、贴心的测评，我们相信，这套丛书能够成为家庭教育的高参，成为家校共育的锦囊。

其实，在收到主编这套“家庭教育”丛书的邀请之时，我犹豫了很久。一是因为本职工作已经非常忙碌，主编一套丛书需要不少时间；二是因为早在几年前，我已经组织编写过一套同类题材的图书。最终，考虑到漓江出版社当时是应教育部门的委托前来邀请，考虑到有了此前的经验能够弥补一些不足，可以进一步提高家庭教育的有效性，我还是答应下来。

我知道，理念转化为图书容易，方法转化为行动艰难，所以我们从不同层面，推动着行动。

我把主编这套丛书的稿费 100% 捐赠给江苏昌明教育基金会，用于开展更多家庭教育研究和实践。

这套丛书的主编团队、作者团队，不仅会完成这套丛书的编写，还会在更多家庭教育的活动中，身体力行地帮助家长、教师、社会工作者运用这些知识。

在漓江出版社的支持下，由“家庭教育”丛书的编写委员会执行主编、小学阶段主编童喜喜以中国儿童文化艺术基金会“新孩子”专项基金和新教育新阅读研究所统筹组建的公益团队，已经在为城市、乡村等不同处境的父母群体细化研发更有针对性的课程，密切关注留守儿童成长问题、隔代教育问题等，并借助网络的便利，以公益的方式，将以“新父母双师网校”为载体，以“新教育种子计划”、“新教育萤火虫亲子共读”等公益项目联合开展家校共育，为父母、老师提供更多跟进指导。

这套丛书的内容得到了许多学校的认可。如今越来越多的学校教育工作者发现：家庭教育做好了，学校教育的地基就坚实了。所以，我们也和漓江出版社多次沟通，根据学校的特点和要求进行相应调整，专门推出了适合学校工作的版本，便于学校组织开展家庭教育工作。

陶行知先生说过：“生活即教育。”家庭教育正应该成为这样的生活。教育应以万千家庭的生机盎然，组成新时代的蓬勃原野。

感谢漓江出版社的信任，感谢参与编写和创作的全体专家、老师认真勤奋、卓有成效的工作。错漏之处，敬请读者们多多指正。

家庭是教育的起点。起点稳了，方向对了，基础就牢了，孩子就好了，家庭就和谐了，教育就完整了，人生就幸福了。让我们一起努力，用好教育建设我们的好家庭！

2022 年 8 月 13 日写于高铁途中

目 录

高中二年级下册

导语 了解高二的孩子

克服了高一的种种困难，高二的孩子逐步适应了高中生活。高二的孩子内心脆弱又敏感，性格执拗而多变，身心变化非常大，成熟度介于儿童与成人之间。他们尚未形成成熟的人生观和价值观，遇事容易冲动并做出不理智的行为。高二年级的知识量增大，课程难度增加，孩子如果不能适应，一旦遇到挫折，就很容易产生焦虑和自我怀疑。有的孩子可能会因此失去学习目标，对学习的松懈导致成绩一落千丈，影响情绪；有的孩子思想变得更为成熟，责任感更强，一旦锁定目标就坚持不懈，从而能积极平稳地度过高二这一关键期——这是孩子之间学业水平差距拉大的重要原因。另外，高二的孩子还需要一段时间来适应新高考选课走班的改革。

在诸多因素影响下，高二年级的孩子容易出现以下现象。

1. 降低对自我行为控制的要求，在校违纪行为增多

高二的孩子对学校的规章制度已较为熟悉，对宿舍管理条例和课堂管理条例也了如指掌，有时候对钻校规的空子、打纪律的擦边球等现象不以为意。这个阶段的孩子如果学习受挫或无心学习，就有可能不再愿意遵守纪律，而对自我要求的降低又会反过来影响学习。广西从2021年秋季入学的普通高中一年级学生开始实施高考综合改革，孩子到了高二就要适应选课走班。学习方式上的变动也会造成孩子的情绪波动。

2. 尚无高考紧迫感，学习缺乏目标

美国斯坦福大学教授威廉·戴蒙认为，动机是非常重要的学习要素。有关研究表明，如果没有更大的“目的”存在，短期目标和动机常会徒劳无功，而且很快就会在失去方向的活动中被消耗殆尽。孩子是否具有明确的学习目标，很有可能会影响其学习行为表现。有明确目标的孩子，会自觉学习所需的知识和技能，能够较好地管理自己的行为，目标完成率较高；没有明确目标的孩子则可能认为，高一已经过去，高考离自己尚远，高二正是放松自在的学年，因而对学习放低了要求，得过且过，最终导致成绩滑坡。

3. 情绪容易波动，对挫折的承受力减弱

20 世纪初，美国心理学家斯坦利·霍尔在《青春期：青少年的教育、养成和健康》中指出，青少年正处于“疾风怒涛”期，情绪呈两极化波动。高二孩子的不稳定情绪有可能源于自身学习成绩的波动，也有可能来自外部管束形成的压力。高二年级孩子的学业任务重、压力大，如果不能正视学业挫折甚至消极躲避挫折，孩子就容易受到困扰，甚至萎靡不振。高考综合改革后，学校采取选课走班的管理模式，孩子们会因为选不同的课程而组成临时的教学班级，人际关系较在原来的班级复杂，可能难以在走班模式下形成的教学班中产生集体归属感。

4. 渴望得到关注，青春期恋爱现象增多

高二年级是青春期恋爱的高发期。高二的孩子承受越来越多的来自社会各方面的压力，他们非常需要被理解、关心和尊重。有的孩子对异性的关注度增加，渴望与异性交往；有的孩子想在感情中获得更多的外部支持；有的孩子想在感情中释放学业的压力。萌动的青春期情感由此产生。

面对以上问题，我们要时刻关心孩子的变化，做好孩子思想的引路人。具体可以这么做：

1. 帮助孩子学会控制自己的行为

我们要主动和学校沟通，熟悉学校相关的管理规定；也要主动和孩子沟通，了解孩子的情绪状况，督促孩子遵守校纪校规。孩子违纪时，要先关注孩子的情绪，再和孩子一起分析原因。如果是孩子的问题，不要只顾着指责，而是要陪孩子一起分析改进的方法，共同做出改进的行动计划；如果是学科的特点、教学内容的难易程度、教学和管理风格的差异、学校纪律管理的宽严程度等原因，我们就要考虑对孩子进行情感教育，积极引导孩子理解并信任老师，努力建立和谐的师生关系。

2. 指导孩子学会合理安排学习时间

我们要了解孩子的作息情况，观察孩子是否有长期睡眠不足的现象。导致孩子睡眠不足的原因有很多：一是看小说、上网成瘾挤占休息时间，导致孩子精神不振，影响听课和学习效率；二是在该休息的时候还在做干扰休息的事，比如在宿舍长时间开“卧谈会”；三是过度用脑或者不会科学用脑，导致大脑疲劳、精力涣散，上课时容易犯困；等等。我们可以让孩子了解人脑的工作机制：人脑有两个半球，各半球的功能大不相同——左脑是“知性脑”，侧重理性思维，逻辑思考、数学运算等能力较强；右脑是“艺术脑”，侧重感性思维，对图形、音乐、空间的感知能力较强。我们还要教会孩子让大脑高效工作，比如交替进行文理科知识的学习，不要在生病和疲劳时过度用脑，保持室内空气的清新和流通，等等。

3. 帮助孩子提高学习的自我效能感

孩子通过高一年级的学习，了解了自己的优势和不足，掌握了一定的学习方法。到了高二年级，家长和孩子都应该再度审视曾经设定的高考目标，及时做调整。我们不要只关心孩子的学习成绩，而要更多地关注孩子的学习情绪、学习动机和学习状态。到了高二，孩子在学习成绩上的分层已较为明显：成绩好的孩子已经养成良好的学习习惯，学习的自我效能感较强，成功的喜悦也激励着孩子继续努力；成绩不理想的孩子，容易因在考试中屡战屡败而对学习失去信心，导致意志消沉，甚至自暴自弃，出现心理问题。因此，我们要密切关注孩子的心理变化，弱化分数对孩子的负面影响，增强孩子的学习信心，帮助孩子提高学习的自我效能感。

4. 关注和指导孩子的人际交往

我们对待孩子人际交往的态度要明朗，鼓励孩子与同学（包括异性）正常交往。从高二孩子的心理发展需求来看，同辈的友谊最能让他们满足心理需求。大多数高中生都会选择朋友作为倾吐心声的对象，认为朋友比父母更懂自己，同伴之间更容易相互理解和尊重，同学、朋友的一句话有时胜过家长的千叮万嘱。孩子与同学、朋友之间是横向关系，彼此平等、友善；孩子与父母是纵向关系，即“上下级”的关系，地位的差异导致话语权的不平等。这两种关系的特点决定了横向关系比纵向关系更容易让人接近。而在家庭中，父母与孩子往往缺乏横向关系的建立。高二的孩子心理上容易出现孤独、焦虑和恐慌等情绪，同辈之间的情感支持能快速抚慰他们的心灵，帮助他们找到内心的平衡和情感的共鸣。当然，我们也要教育孩子不要为了“哥们儿义气”而放弃原则，不要为朋友“两肋插刀”而冲动行事。友谊应该建立在相互帮助的基础上，而不是相互偏袒和无原则付出。教会孩子积极的人际交往方式，有利于提升孩子的社交技能，既可以锻炼孩子的人际交往能力，也能为他们日后步入社会打好基础。要让孩子学会与人相处、与人为善，在人际交往中掌握一定的技巧，进而妥善地处理人际关系。对于孩子的青春期恋爱问题，我们要将心比心，多站在孩子的角度想问题，以疏导为主，避免简单粗暴地禁止，尽可能给青春期孩子纯真的情感留下美好的回忆。

高中二年级上册

第一专题 如何教育孩子做爱国守纪人

青少年是国家和社会未来的建设者和接班人。我们应该如何引导孩子树家国情怀，做遵规守纪的公民？2019年，国务院办公厅发布的《关于新时代推进普通高中育人方式改革的指导意见》指出，要“积极培育和践行社会主义核心价值观，深入开展中华优秀传统文化教育，加强学生品德教育，帮助学生养成良好个人品德和社会公德”。2021年国务院发布并实施的《中国儿童发展纲要（2021—2030年）》提到，“教育引导儿童践行社会主义核心价值观，学习中华民族优秀传统文化，厚植爱党爱祖国爱社会主义情怀。增强法治意识和社会责任感，从小学会做人、学会做事、学会学习，扣好人生第一粒扣子”。在高二孩子的成长过程中，无论是传统文化的传承、家国情怀的培育，还是法律观念的形成，家庭教育都发挥着不可替代的作用。

专题目标

1. 引导孩子了解传统文化，培养孩子与传统文化有关的兴趣爱好。

2. 培养孩子对国家强盛、人民团结、中华民族伟大的认同感，逐步树立个人发展与国家发展相结合的远大目标。

3. 了解《中华人民共和国民法典》(以下简称“民法典”)，引导孩子遵守法律并学会用法律维护自身权益。

树文化自信——传承优秀传统文化

案例分析

在文化全球化的今天，许多年轻人对我国传统文化的认知不足，比如对一些传统节日的意义和习俗混淆不清，了解程度不高，甚至一无所知。相当一部分高二孩子对传统文化不感兴趣，这些孩子的阅读时间一般较少，对我国传统经典的诵读也不够。那么，我们可以通过什么方式让孩子接受中华民族优秀传统文化的滋养呢？优秀的传统文化应该是怎样的呢？从波澜壮阔的中华文明史到科技日益发达的当代中国，优秀的传统文化璀璨斑斓，其传播方式也多种多样，可以通过文字作品，也可以通过非遗项目，还可以通过电视节目等方式呈现。

案例一　不想回老家过春节

每逢过年，16岁的小张都有说不出的烦恼，因为爸爸妈妈总是带他回老家，说乡下过年更热闹、更有年味。但小张宁愿一个人安静地待在城里的家，也不愿意回老家过春节，他觉得安静的环境更能让自己感到舒服。他跟老家的亲戚不熟，常常无话可说，坐在一起感到非常尴尬。他还觉得父母在老家过年时祭拜祖先的仪式陈旧且无趣，在老家过春节也只是和亲戚吃饭、拿红包等，走走形式而已。

如果孩子对传统节日的意义和习俗一知半解，就难以对传统节日承载的文化有认同感，从而不愿参与。

案例二　腹有诗书气自华的少女

2016年，《中国诗词大会》节目走红。2017年，这档节目第二季的冠军是当年16岁的高中生武亦姝。这位小姑娘奉陆游、苏轼和李白为自己的“三大偶像”，表示自己从小就喜爱诗词，只要聊到与古诗词相关的话题就会忍不住兴奋。她说：“比赛结果不重要，只要我还喜欢诗词，只要可以享受诗词带给我的快乐，就足够了。”据说，她的诗词背诵量达到了2000首。此外，武亦姝还写得一手漂亮的硬笔书法。她对诗词的写作意境和作者思想有深刻而独特的见解，展现出深厚的文学底蕴。网友称赞她“腹有诗书气自华”，“满足了人们对才女的所有幻想”。

高中的孩子已经具备了在中华民族优秀传统文化中品味经典、感受文化中的精华、讲好中国故事、展现中华文化魅力的能力。他们了解并热爱中华民族优秀传统文化，并且愿意去记忆、传播、传承和创新；他们具备了更为广阔的文化视界，能较全面地看待它。对我国优秀传统文化的学习，提升了高中孩子的民族自豪感和爱国心，激发了青少年铸牢中华民族共同体意识的情怀。

案例三　融入现代科技元素的传统文化

《上新了·故宫》是一档文化创新类的大型季播真人秀节目。每期节目的嘉宾都会跟随故宫专家进入故宫，探寻故宫的历史文化，并且设计出一个能引领热潮的文化创意衍生品，让故宫文化被更多年轻人“带回家”。其中，第三季第一期以故宫600年的“定、守、护”为主题，穿插介绍了丰富的历史知识：乾隆皇帝最喜欢喝的茶是采用松子、梅花和佛手柑三种植物泡出的“三清茶”；宁寿宫花园和建福宫花园在建筑形制上是对应的；故宫的四个角楼是榫卯设计，表面看似相同而实际上内部设计却有不同……有年轻网友这样感慨：“我看了丹宸永固大展后，对明、清、民国三段历史很有感觉。爱故宫、爱历史，请永远记得，我们每个人都是历史的一部分。”

德国哲学家雅斯贝尔斯认为，公元前800年至公元前200年是人类文明的“轴心时代”，是人类文明精神的重大突破时期。当时古代希腊、古代中国、古代印度等文明都孕育了伟大的思想家，他们提出的思想塑造了不同的文化传统，至今仍然影响着人们的生活。中共中央办公厅、国务院办公厅在 2017 年印发的《关于实施中华优秀传统文化传承发展工程的意见》中指出："文化是民族的血脉，是人民的精神家园。文化自信是更基本、更深层、更持久的力量。中华文化独一无二的理念、智慧、气度、神韵，增添了中国人民和中华民族内心深处的自信和自豪。"

当传统文化与现代元素相融合，给予孩子足够新颖的、可视化的体验，也许更能激发他们主动探索中华民族优秀传统文化的热情；而从中华民族优秀传统文化中传承的思想与时代特色相结合，也将经久不衰。

了解孩子

优秀传统文化可以激发孩子对美的欣赏力和创造力。中华民族优秀传统文化包含爱国主义精神，奋发有为、自强不息的进取精神，忠孝仁爱、信义至诚的高尚道德观，天人合一、顺应自然的宇宙人生观，以及以和为贵的和谐精神等内容[①]。文化的熏陶可以增强孩子对中华民族的认同感和归属感。中华民族的勤劳勇敢、善良真诚等精神根植于孩子心中，就会成为他们可贵品质的重要组成部分。

处于青春期的高二孩子个性鲜明、思想独立，对事物充满了好奇和新鲜感，有着强烈的求知欲却又缺乏辩证的观点。他们愿意利用课外时间学习新的知识和技能，希望自由地思考和探索世界，如通过旅行来开阔眼界，阅读自己喜欢的书来拓宽知识面，参加社会实践以培养自身的社会实践能力等。而传统文化中的一些思想和内容存在滞后性，部分传统文化难以满足高中孩子的需求，导致一些孩子对传统文化产生排斥心理和距离感。

高二的孩子受家庭、学校和社会等多方面影响，生理和心理都产生

① 王亚会：《高中生思想政治教育中传统文化融入研究——以河南师范大学附属中学为例》，硕士学位论文，河南师范大学，2016，第 3 页。

了巨大的变化。孩子们在完成繁重学习任务的同时，还要进一步适应青春期的躁动，各方面产生的压力如果没有得到正确的疏导，就很容易导致孩子产生心理健康问题。传统文化可以使孩子在认识和改造世界方面获得有益的启发[①]。

由传统文化的传承与创新而衍生的新兴文化，与新时代青年追求的发展快、时效高等要求相吻合，通过网络影响力而设计出的文创产品也越来越受年轻人的喜爱。随着社会的高速发展，文化传承形成了开放性、共享性、多元化和虚拟交互性等特点，因此更需要我们指导孩子对其认真甄别，去粗取精。

实施指南

1. 营造家里的新“国潮”氛围

我们要关心和学习中华优秀传统文化，才能在家庭中营造新“国潮”氛围。我们可以在家陪孩子收看弘扬中华民族优秀传统文化的电视节目，如《典籍里的中国》里介绍了《尚书》《天工开物》《史记》等享誉中外、流传千古的典籍，以时空对话的创新形式和环幕投影、AR（增强现实）技术、融媒体直播等新科技手段，展现中华典籍的博大精深。另外，观看新“国潮风”电影、“沉浸式”体验三星堆考古、欣赏民族乐器演奏等也是不错的选择。

2. 引导孩子感受传统文化的魅力

（1）引导孩子与传统文化建立联系，产生共鸣

我们可以鼓励孩子诵读经典，体验琴棋书画、茶艺礼仪，了解中医中药等。

① 李影：《浅谈高中生物教学中如何渗透传统文化教育》，《教育现代化》2017 年第 15 期第 240–241 页。

（2）与孩子探寻城市历史文化遗存

我们可以带孩子参观本地民俗博物馆、“云游览”故宫博物院等，感悟先人智慧的积淀，寻找本地传统文化的内涵，培养孩子的民族自豪感和自信心。还可以与孩子一起参观历史地标，如中共梧州地委、广西特委旧址陈列馆，百色起义纪念碑等；观看传统文化和民俗文化演出，如经典剧目《红楼梦》《梁祝》，山水实景演出《印象·刘三姐》等。

（3）陪孩子了解和探寻区域文化特色

我们可以让孩子接触广西壮族天琴、北海贝雕，柳州螺蛳粉制作技艺、桂林米粉制作技艺、梧州龟苓膏配制技艺，瑶族祝著节、壮族侬峒节、壮族补粮敬老习俗、瑶族油茶习俗等具有本地特色的文化。引导孩子读民间文学，赏传统曲艺，练传统武术，跳传统舞蹈，等等，让孩子从多角度了解本地独具特色的民俗风情和历史文化。

家事国事我关心——培养孩子的家国情怀

案例分析

在信息时代，各种思潮起伏，信息来源较为复杂。有的孩子尚未清晰地认识到国家对个人的重要性，也不了解国家关爱青少年的举措；有的孩子则认为国家存在这样那样的不良现象，觉得国外更好、更发达。如果家长没有正确引导孩子，很可能会导致孩子的爱国意识淡薄，缺乏家国情怀。

案例一　对爱国的意义理解模糊

高二的小亮经常浏览各种论坛和网站。他发现，每当提到国家政策和爱国行为时，总有些网友会发表不满言论，甚至脏话连篇，这样的行为让他感到很不舒服。但当他想反驳这些人时，又不知道该从什么角度去谈爱国。他感觉自己对爱国的理解只停留在表面，知道要爱国家、爱人民，但具体应该怎么表达、怎样从行动上爱国，似乎又很难说清楚。

案例二 新时代好少年，爱国的决心与行动

据《人民日报》2021 年 12 月 26 日报道，中央文明办等五部门联合发布了 2021 年度“新时代好少年”先进事迹，32 名“新时代好少年”在传承红色家风、开展党史宣讲、弘扬传统文化，在勤学上进、苦练技艺、创新发明、孝老爱亲、乐于助人、保护环境等方面表现突出。如江西省南昌外国语学校高二年级的付哲豪，经常参加志愿服务活动，到抗日老战士家陪伴老人，还主动参与社区疫情防控志愿服务等。上海市格致中学高二年级的盛晓涵，在放学路上看到一位老人晕倒，挺身而出诠释“教科书式”施救的事迹，被各级媒体广泛报道，得到社会各界的称赞。福建省上杭第一中学高二年级的马宬恺，从 9 岁开始在父亲的帮助下，创办“快乐星期天”陪伴成长亲子公益组织，组织劳动实践和慈善扶贫等主题亲子活动，帮助家长和孩子在劳动实践中收获快乐、不断成长。重庆西藏中学高二年级的布群，参加“暑假优秀学生返藏宣讲”活动，感恩党和国家提供良好的学习条件，立志用所学知识回报社会、建设家乡。新疆生产建设兵团第二中学高二年级的姚方媛，利用假期去看望福利院的孩子们，被孩子们称为“天使姐姐”。重庆市北碚区王朴中学高一年级的周茂姣，是重庆市红岩精神志愿宣讲员、“小萝卜头进校园”小小讲解员，带动身边同学加入红色宣讲员队伍。甘肃省敦煌中学高一年级的颜智禾，立志做敦煌文化的传播者、文化遗产的守护者，于 2017 年通过选拔成为敦煌研究院一名志愿者讲解员，暑假期间每天早晨 6 点多起床，赶往莫高窟开始一天的讲解工作……在发布会上，“新时代好少年”的代表们向全国少年儿童发出倡议：我们生活在温暖的阳光下、成长在奋进的新时代，心中厚植爱党、爱国、爱人民、爱社会主义的情感，珍惜大好年华，修身立德、勤学上进、强健体魄、锤炼意志，做对国家、对人民、对社会有用的人。为实现中华民族伟大复兴的中国梦，时刻准备着！

从古到今，爱国主义都是中华民族精神的核心。它是中华民族在几千年的发展中形成的精神品质，同为国奉献、对国家尽责紧密地联系在一起。当孩子们立志成才，把个人发展与国家强盛、社会发展紧密联系在一起时，必将迸发出强大的行动内驱力。周恩来总理在青年时代立志“为中华之崛起而读书”，广西科学家黄大年至诚报国，百色乐业县新化镇百坭村原第一书记黄文秀为脱贫攻坚奉献青春与生命等典范名垂青史。2020年新冠肺炎疫情防控的请愿书承载了中华儿女对祖国“生于斯，长于斯”的浓浓血缘之情以及豪迈的爱国之情，他们将有限的生命投入到无限的报国行动中去。当孩子与祖国同呼吸共命运，把个人理想与国家发展相结合时，必将焕发无限的拼搏力量与奋斗激情。

了解孩子

大多数高二的孩子都会珍惜现有的受教育机会，能够为适应知识型时代而不懈努力。心理上，他们的自我意识逐渐增强，竞争观念迅速发展；渴望得到别人的尊重，又不知道应该如何尊重别人。他们即将成年，渐渐不再受到父母、老师和旁人的提醒、安排和督促，但仍未具备良好的独立生活、体会生活美好的能力。同时，尚未定型的价值标准使孩子表现出“以集体主义的价值标准去规范他人，却以利己主义的价值标准来要求自己”的言行，他们的社会性和团队合作意识尚在构建中。

人的认知系统极其复杂，有时容易陷入思维的瓶颈，不确定自己的努力是否有效，不知道自己能否坚持，无法看清当下的关键问题。这时，个人的价值观往往会发挥决定性作用。

明代哲学家王阳明提出：“知者行之始，行者知之成。”如今的高二孩子有更多的渠道来获取知识，有更为广阔的平台可以施展才智，同时也会面临由于情感和情怀缺位而引起的人生困惑。家长引导孩子厚植家国情怀，有助于补足孩子的精神之“钙”，筑牢其成长发展之基，使孩子始终心中有阳光、脚下有力量，让个人的青春年华在为国家、为人民的奉献中散发夺目的光彩。

习近平总书记指出，对新时代中国青年来说，热爱祖国是立身之本、成才之基。家国情怀与文化认同是铸牢中华民族共同体意识的情感归宿与文化基础，要接续和传承其中自强、自尊和自爱的集体文化基因，认识到使命意识和责任担当是家国情怀的生命力所在。孩子需要强大的精神支撑，才能在人生之路上走得更远、更坚定。北宋理学家张载曾说：“为天地立心，为生民立命，为往圣继绝学，为万世开太平。”胸怀祖国，兼济天下，这样的大格局将决定孩子成长的高度和未来的站位。我们要引导孩子把爱家和爱国的感情统一起来，使家庭同国家、民族的前途命运紧密相连；要培养孩子自信豪迈的精气神，以理想和信念引领他们的人生之路。

家国情怀是完善人格不可缺少的组成部分，是培育高二孩子价值观的精神土壤，是青少年立志筑梦的宽厚基石。在培养高二孩子的家国情怀时，我们要引导孩子摒弃小我，弱化自我中心意识，不做“精致的利己主义者”。

实施指南

家国情怀贯穿古今。我们要培养孩子继承和发扬爱国主义精神，崇敬英雄，效仿榜样，引导他们把爱国情、强国志、报国行自觉地融入实现中华民族伟大复兴的奋斗中。

2018年5月2日，习近平总书记在北京大学师生座谈会上谈到，“爱国，不能停留在口号上，而是要把自己的理想同祖国的前途、把自己的人生同民族的命运紧密联系在一起，扎根人民，奉献国家”。家国一体、家国同心，是中华民族风雨无阻向前进的动力源泉。在抗击新冠肺炎疫情和脱贫攻坚工作中，医务人员、解放军、执勤交警、电力工人、外卖师傅和驻村第一书记等各行各业的人们用热爱与奉献坚守着平凡岗位，挥洒着青春的汗水。你我向上，家国向前，把家国情怀融入个人的不懈的奋斗中，必将转化为自觉的爱国行动。

培养高二孩子的家国情怀，我们可以从以下几个方面入手：

（1）以身作则，做好本职工作

和孩子谈谈自己努力工作的过程，以及可能为国家做出的贡献，还可以与孩子交流彼此对家国情怀的看法。

（2）跟孩子一起关注国家时事

每天坚持看新闻，和孩子交流对时事的看法，引导孩子关心国家大事。可以跟孩子一起观看主流网络视听平台的系列主旋律纪实作品，如观看《可爱的中国》(致敬英雄式普通人物)、《不负青春不负村》(投身中国乡村建设)、《我的青春在丝路》(追寻青春梦想）等，产生共情。

（3）鼓励孩子参加学校和社会组织的爱国主义教育活动

向孩子阐述党史类作品的精髓，用孩子易于接受的形式来传播党史、新中国史、改革开放史、社会主义发展史。收集古代先贤爱国的历史故事，参与讨论国家时事，寻找能体现家国情怀的身边人、身边事，鼓励孩子用作品表达自己的爱国主义感受，等等。

有信仰、有担当的青年一代，需要树立高远的理想追求和深沉的家国情怀，努力成长为建设社会主义现代化强国、担当民族复兴大任的时代接班人。

走近民法典——做守法公民

案例分析

高二的孩子身心趋于成熟，他们的生活圈已经不再局限于学校和家庭，与社会的联系越来越紧密。回想一下，我们是否跟孩子讨论过当下的社会热点话题呢?

案例一 将他人隐私上传网络

高二的小赵为了帮好友泄愤，用手机偷拍了好友“仇敌”的私密照，并将照片上传网络。这种行为违反了民法典中隐私权的有关规定，“自然人享有隐私权。任何组织或者个人不得以刺探、侵扰、泄露、公开等方式侵害他人的隐私权。隐私是自然人的私人生活安宁和不愿为他人知晓的私密空间、私密活动、私密信息”。民法典第一千零三十三条明确规定，“除法律另有规定或者权利人明确同意外，任何组织或者个人不得实施下列行为：(一) 以电话、短信、即时通讯工具、电子邮件、传单等方式侵扰他人的私人生活安宁；(二) 进入、拍摄、窥视他人的住宅、宾馆房间等私密空间；(三) 拍摄、窥视、窃听、公开他人的私密活动；(四) 拍摄、窥视他人身体的私密部位；(五) 处理他人的私密信息；(六) 以其他方式侵害他人的隐私权”。

案例二 运动中造成他人损害

高二的小张在打篮球时被同伴无意撞倒导致手肘骨折，小张的同伴需要承担责任吗? 民法典告诉大家，不用承担。民法典第一千一百七十六条明确规定，“自愿参加具有一定风险的文体活动，因其他参加者的行为受到损害的，受害人不得请求其他参加者承担侵权责任；但是，其他参加者对损害的发生有故意或者重大过失的除外”。

案例三 未成年人收入的归属

4名高二男孩组成了一个演唱组合，那么他们在成年之前的演出收入归谁所有呢？答案是，归他们自己所有。民法典第十九条规定，八周岁以上的未成年人“可以独立实施纯获利益的民事法律行为或者与其年龄、智力相适应的民事法律行为”。

案例四 虚拟财产也是财产

高二的小李在家长允许的时间和适度的范围内，通过玩网络游戏而获得的装备等级属于个人财产吗？答案是肯定的。孩子玩网络游戏而获得的装备的价值是有实际财富和财产权的衡量标志的，因此和实物权利有一样的内涵。民法典同样保护虚拟财产。

案例五 可以随意改姓氏吗

某高二孩子的父亲姓王，父亲给他取名“王者荣耀”。虽然与某款游戏同名，让人感觉有些不合适，将来还可能会给孩子带来困扰，但这并不违法，也没有影响社会管理。但一个姓洪的高二女生，想要更名为“魂牵梦萦”就不行。民法典中第一千零一十五条对姓名权做出明确规定，“自然人应当随父姓或者母姓，但是有下列情形之一的，可以在父姓和母姓之外选取姓氏：（一）选取其他直系长辈血亲的姓氏；（二）因由法定扶养人以外的人扶养而选取扶养人姓氏；（三）有不违背公序良俗的其他正当理由。少数民族自然人的姓氏可以遵从本民族的文化传统和风俗习惯”。法律的完善，让姓氏选择有了更大的空间，但不能异想天开、随心所欲。

案例六 警惕成为电信网络诈骗“工具人”

在校大学生小孙为牟取非法利益，以亲属开淘宝店需要用卡为由，长期收购银行卡并出售给他人，用于实施电信网络诈骗等违法犯罪活动。经调查，共有21名电信网络诈骗受害人向小孙出售的银行卡内累计转入207万余元。法院做出一审判决，以帮助信息网络犯罪活动罪判处小孙有期徒刑1年4个月，并处罚金1万元；判处帮小孙收购银行卡的小刘有期徒刑 10 个月，并处罚金 5000 元。由于社会阅历不足、法律意识淡薄，部分在校大学生甚至高中生已成为非法买卖“两卡”（手机卡、银行卡）的主要群体之一。在利益诱惑面前，有的孩子迷失了方向，一步步陷入违法犯罪的泥潭，从办卡、卖卡发展到组织收卡、贩卡，成为潜伏在校园中的“卡商”。

一些高二孩子的法治意识没有及时跟上年龄的增长，在处理事情时往往会出现或无知或无意的违法违规行为。我们要督促孩子学习相关的法律法规，知道哪些行为是不能做、不应该做的，明白做事之前要考虑后果，要承担相应责任。

了解孩子

高中阶段是孩子身心发展和价值观形成的关键期，此时培养孩子对自己行为负责的意识极为关键。学校通过思想政治等学科教授部分法律法规知识，开展各类法治教育活动（如宪法日、全民国家安全教育日活动等），逐渐让孩子形成法治意识。从电视、网络及书报中获得有关的法律知识是重要的补充途径。此外，家长的言传身教也是必不可少的。

法律规定，年满 16 周岁的公民可以驾驶电动自行车和残疾人机动轮椅车（《中华人民共和国道路交通安全法实施条例》）；允许建立劳动关系（《中华人民共和国劳动法》）；以自己的劳动收入为主要生活来源的，视为完全民事行为能力人（《中华人民共和国民法典》）；犯罪时应当负刑事责任（《中华人民共和国刑法》）；等等。高二孩子容易冲动，加上法律知识不足、法律意识不强，有时会有一些行为触犯了法律却不自知，有的孩子甚至恶意违法。而有些孩子虽知法懂法，但心存侥幸，在因违法被判处承担相应责任后，才追悔莫及。

《中华人民共和国民法典》(以下简称“民法典”)自2021年1月1日起施行，是中华人民共和国成立以来第一部以“法典”命名的法律，被称为“社会生活的百科全书”和“权利保障的宣言书”。民法典总计1260条，包括“总则”“物权”“合同”“人格权”“婚姻家庭”“继承”“侵权责任”等七编及“附则”，将绝大部分民事活动囊括其中。民法典中很多内容与未成年人的现实生活密切相关，如虚拟财产、个人隐私、高空坠物等，而游戏充值、主播打赏等更是不少孩子的亲身经历。民法典将社会主义核心价值观融入立法中，系统全面地保护人民的生命、身体、健康、尊严等各项权利；人格权“独立成编”，是我国民事立法的一次重大创新，体现了中国特色，更好地满足了新时代人民日益增长的美好生活需要。

法律与道德，历来是建立公序良俗与和谐稳定社会的保障。二者在法律中相辅相成、相得益彰的融合，既尊重和保障人权，维护广大人民的各项权益，又能促进社会公平正义，起到调节社会关系、维护社会稳定的作用。孩子们在学习法律知识的同时，也要善用法律，在法律规定范围内助人助己。

实施指南

1. 以身作则，遵纪守法

主动与孩子一起学习法律法规知识，跟孩子交流对遵规守纪、遵守公序良俗的看法；分析模拟情景、社会热点及身边案例，帮助孩子理解法律知识与生活的关联，让孩子更加直观地感受、体验民法典对现实社会生活的意义和价值，使孩子养成自觉守法的意识，培养孩子遇事找法、解决问题靠法的能力。

2. 和孩子一起收看道德和法制类的节目

中央电视台社会与法频道（CCTV-12）的《天网》《道德观察》《法律讲堂》《忏悔录》《见证》等节目都是很好的选择，还可以在网上收看相关的法制作品。以案明纪，知法守法。

3. 配合学校开展的法律法规教育活动

可以跟孩子一起学习《中小学教育惩戒规则（试行）》，培养孩子敬畏规则之心；鼓励孩子向身边人宣传和交流学到的法律法规知识或法律安全知识，比如推荐“学习强国”App 中的案例小视频，营造人人尊法、学法、守法、用法的良好氛围。

4. 教育孩子要有规矩和底线意识

告诉孩子规矩的重要性，训练孩子控制自我情绪，培养孩子的宽容和良善之心。

延伸拓展

一、阅读推荐

1.《心有大我　至诚报国——黄大年》（著者：吴晶、陈聪；出版单位：时代文艺出版社）

本书介绍了国际知名战略科学家、中国著名地球物理学家黄大年的感人事迹。黄大年把为祖国富强、民族振兴、人民幸福贡献力量作为毕生追求，填补了中国“巡天探地潜海”多项技术空白，为深地资源探测和国防安全建设做出了突出贡献。书中以大量翔实的资料和生动的细节，还原了黄大年作为国家多个技术攻关项目的首席专家，带领科技团队顽强拼搏，对事业倾尽全力、对学生甘为人梯、对国家不图回报的事迹，向全社会传递了“心有大我，至诚报国”的正能量。

> >> 2.《秀儿：“时代楷模”黄文秀》(著者：李春雷；出版单位：漓江出版社)

本书以报告文学的形式，再现了“时代楷模”黄文秀短暂而极具时代价值的人生。开篇从黄文秀遇难前的雨夜切入，追述了黄文秀出生成长、刻苦求学、毕业回乡、驻村扶贫的一生，表现了她的平凡又不平凡的青春。本书不仅还原了一个对生活充满热情、有血有肉的黄文秀，还勾勒出了以黄文秀为代表的驻村扶贫干部的群像，从中展现脱贫攻坚的国家路线和中国经验，赞颂了千千万万基层干部为乡村脱贫做出的巨大贡献。

二、视频推荐

> >> 1.《建国大业》(电影)

本片是庆祝中华人民共和国成立 60 周年的献礼片，介绍了以毛泽东为首的中国共产党人建立广泛的爱国统一战线的历程，讲述了从抗日战争结束到 1949 年中华人民共和国成立前夕发生的一系列故事，展现了一场为建立新中国而进行的决战，开创了新时期主旋律题材的先河。

> >> 2.《建党伟业》(电影)

本片是庆祝中国共产党建党 90 周年的献礼片，再现了从 1911 年辛亥革命爆发至 1921 年中国共产党第一次全国代表大会召开的 10 年间，中国发生的一系列重大历史事件，讲述了陈独秀、李大钊、毛泽东等爱国志士与热血青年在俄国十月革命胜利的启示下，追寻中华民族新希望的故事。

评估改进

一、自我评估

测测你对培养孩子家国情怀的重视程度。

（1）你认为当今社会出现的道德缺失问题与传统文化和家国情怀的教育、培养的缺失有关系吗？（　　）

A. 关系十分密切

B. 有一定关系

C. 没有关系

（2）你认为传统文化教育和培养家国情怀对个人的成长和发展有何影响？（　　）

A. 不可缺少，十分重要

B. 重要

C. 一般

D. 不重要，可有可无

（3）你平时是否会跟孩子讲中国传统文化知识，提到家国情怀？（　　）

A. 经常讲

B. 在遇到相关事情时才讲

C. 很少讲

（4）你认为对孩子开展传统文化教育和培养家国情怀的主要目的是什么？（多选）（　　）

A. 帮助孩子掌握传统文化知识，树立家国情怀

B. 促进孩子的全面发展

C. 使孩子将知识、情怀内化为行动，立志成才报国

D. 让孩子了解传统文化，热爱传统文化，爱国爱家

E. 其他

（5）你认为高二的孩子应该学习哪些方面的传统文化知识？（多选）（　　）

A. 古诗词曲
B. 民风民俗
C. 历史名人
D. 曲艺
E. 民歌
F. 琴棋书画
G. 文物
H. 传统工艺
I. 科学技术
J. 其他

（6）你认为要培养孩子的家国情怀，应该采取什么措施？（多选）（　　）

A. 观看讲述家国情怀的影视作品
B. 让孩子参加与培养家国情怀有关的活动
C. 参观爱国主义教育基地
D. 专门学习家国情怀的有关知识
E. 其他

（7）你认为培养孩子的法律法规意识，有哪些具体做法？（多选）（　　）

A. 观看警示案例
B. 收看相关法律法规节目
C. 专门学习国家相关法律法规
D. 让孩子向身边的人宣传民法典知识
E. 其他

（8）你认为孩子在学习了法律知识以后，会有哪些遵纪守法的表现？（多选）（　　）

A. 自觉遵守社会公序良俗
B. 学会依法保护自身的权益

C. 懂得不侵犯他人的权益
D. 向同学、家人和朋友宣传法律法规知识
E. 其他

【评估参考】

第（1）～（3）题选A越多，第（4）题选得越多，越能表明你能认识到传统文化教育和培养家国情怀在孩子成人成才过程中的重要性，十分关注培养孩子品格中的核心品德。第（5）题选得越多，越能反映你对孩子学习传统文化的关注范围之广。第（6）题选得越多，越能反映你重视培养孩子的家国情怀。第（7）～（8）题选得越多，越能说明你能主动引导孩子尊法、学法、守法和用法。

二、改进计划

表 1.1 改进计划表

序号	我的收获	我的行动改进
例	看到孩子对社会热点的关注，我意识到对孩子进行法治教育需要抓住教育的时机。	1. 和孩子聊聊社会热点或法治事件，说说我对此事的看法，也请孩子说说他（她）对这件事的看法，一起讨论交流。 2. 和孩子参加一些法治教育活动，例如每年广西壮族“三月三”期间，自治区党委宣传部、广西广播电视台等单位联合举办的“普法山歌 DOU 来唱”短视频山歌赛。
1		

续表

序号	我的收获	我的行动改进
2		
3		

第二专题　如何激发孩子的优势潜能

你是否有这样的感觉：孩子感兴趣的东西看起来好像和学习没什么联系，但又不知道哪些方面更适合孩子深入学习。发现并发挥孩子的优势潜能，家庭可以为此做哪些努力？在孩子自我成长规划的道路上，我们如何适度助力？

每个孩子都需要不断地学习和发现自我，为将来更好地走进社会、走进职业世界打下良好的基础。我们可以通过家庭中的生涯教育来引导孩子进行形式多样的职业体验，从而提升孩子对于职业世界的认知；还可以和孩子一起制订生涯规划书，帮助孩子明晰自我发展之路。

专题目标

1. 观察和发现孩子的优势潜能，更好地为孩子的发展助力。

2. 帮助孩子更多元地参与职业体验与实践，加强孩子与社会的连接。

3. 引导孩子设计并撰写生涯规划书，提升孩子现阶段学习的动力与效果。

指导孩子发现自己的优势潜能

案例分析

世界上没有完全相同的两片树叶，更没有完全相同的两个人，正因如此，大千世界才得以丰富多彩。也正是因为人与人之间存在差异，我们才更应该了解孩子的特点及优势，从而发现孩子的潜能所在。

如何引导孩子发现并发挥自身的优势潜能，为孩子今后的人生发展指明方向，是很多家长一直在思考的问题。潜能是一个人潜在的能力，“冰山理论”就形象地说明了人类潜能的巨大：人的能力好比一座浮在海面上的冰山，潜能就是水下未显露的部分，虽然它不能被直接看见，却有可能是显露部分的 10 倍、20 倍、30 倍，甚至更多。

“一种米养百种人”，这句简单而质朴的俗语道尽了这样一个真理：每个人不尽相同。我们只要用心观察，就会发现每个孩子的不同之处：有的孩子喜欢与人打交道，能说会道，朋友众多；有的孩子喜欢独来独往，能独立思考，有自己的想法；有的孩子执着地热爱某一学科，却对某些学科望而却步；有的孩子热爱运动，在运动场上挥洒自如，尽情释放青春；有的孩子专注于绘画，通过充满想象力的作品表达对生活的热情与热爱；有的孩子拥有美妙的歌喉，能够用自己的歌声感染他人；有的孩子妙语连珠，出口成章；有的孩子思维缜密，善于进行逻辑推理；有的孩子空间想象能力强，善于设计和创造……发现这些优势能力，将更好地为孩子的成长助力。

案例　另辟蹊径，实现梦想

晓晓在中考时因为成绩不理想，勉强被一所普通高中录取。进入高中后，她的学习成绩依然没有太大的起色，只能勉强跟上老师上课的节奏。这样的学习状况让晓晓常处于被动的状态，不知道自己将来能考上什么样的大学。晓晓的妈妈是一所职校的老师，平时喜欢参加跳舞、唱歌、绘画等文艺活动。晓晓耳濡目染，对艺术类活动也非常感兴趣，并且她从小学起就学习绘画，平时也会通过画画来调节枯燥的学习生活。结合实际情况，妈妈和晓晓商量是否可以发挥所长，为高考助力。于是她俩共同做出决定——备战艺术类高考。从此，晓晓信心十足，从高二下学期到高三参加艺考前的日子里，她几乎每天都跟着专业老师学习绘画，课后也尽可能多地练习。经过努力，晓晓高考后成功被某师范大学设计类专业录取。

人的独特性、自我的优势和潜能，对自我意识的形成与发展都具有重要的作用和意义。如何发现这些优势和潜能，并将它们转化为孩子成长过程中的优势能力，是值得家长和孩子共同学习和探讨的话题。优势能力就像人身上独特的“标签”，但很多家长并不能接受孩子的独特性过多或过少，认为独特性过多的孩子太过另类，独特性过少的孩子又没有自己的特点。其实，不同孩子、不同家庭都有不同情况，不同个体在对独特性的追求上也存在着差异。每个人的独特性以及优势和潜能，其实都与原生家庭密不可分。

了解孩子

对于高一和高三孩子的特点，业界已有较为全面而具体的研究与探讨，而高二孩子的特点往往容易被忽视。高二的孩子一方面已经度过高一时为适应高中生活而小心谨慎的时期，另一方面还没有面临高三巨大的考试和升学的压力，所以高二似乎成了高中生涯中一段没有特别明确目标的“空当”。高二孩子的独立性需要与自我成长需求并存。找到高中生活的动力和意义，是他们高中生涯重要的承上启下的阶段目标。

1. 学习特点

高二年级选科完成后，孩子的学习和生活看似进入一个相对稳定的时期，但随着学习内容不断深入，难度不断加深，学科知识之间的交叉也开始增多，对孩子的综合素质考验更多元，孩子学习成绩的分层逐步显现——这给高二的孩子带来了更大的挑战。他们不仅要注重观察和思考，还要着重在思维、阅读、分析、实践等能力训练上明确方向和目标。

2. 自我意识

一个人的自我意识从产生、发展到相对稳定成熟，需要经历 20 多年。美国心理学家埃里克松把个体从出生到死亡的过程称为“生命周期”，认为每个生命个体的心理发展都会在整个周期持续，而这个周期又可以划分为 8 个顺序不变又互相联系的阶段。高二年级的孩子正处在第 5 个阶段，即 12 ～ 18 岁的青春期。青春期的核心问题是自我意识的迅速发展与确立，基本任务是发展自我的同一性。自我同一性就是人们对“我是谁”“我要成为什么样的人”“怎样努力成为理想的人”等一系列问题的感觉和认知[①]。

高二孩子的心理变化相当复杂，自我意识的发展也呈现出许多矛盾和变化。进入青春期后，孩子对自己的关注开始由外向内转移，越来越关注自己的内心世界和内心体验，自我意识的发展进入“主观化”的时期。在这一时期，孩子会出现理想自我与现实自我的矛盾，常常会感到困惑、苦闷、烦恼，甚至迷茫。但在这个过程中，孩子会逐渐学会通过不断整合各方面来实现自我协调统一。

3. 习惯养成

对于处于过渡期的高二孩子，学习动力的获得至关重要。我们要培养孩子的积极主动性，增强孩子学习的自觉性，引导孩子掌握科学的学习方法，养成良好的学习习惯，通过思考与理解学习主动获取知识，让孩子对学习更有掌控感，从而获得更强的学习动力和更明确的努力方向。

---

① 曹凤莲、朱瑜编著《高中生生涯辅导实践操作》，华东师范大学出版社，2017，第 16–18 页。

4. 生涯发展

高二的孩子已经初步了解并发现自我优势特长和个人喜好，进入挖掘潜能的阶段，开始将目光聚焦在“我能做什么”“我想做什么”的问题上。高二是确定高考方向的重要阶段，此时孩子容易出现学习目标模糊、动机不强的现象，因此在高二阶段深入探索生涯规划，能更好地帮助孩子建立对生涯的认知。

实施指南

在生涯规划的初期，我们先要了解孩子，指导孩子进行全面且系统的自我分析（可以从兴趣、性格、价值观、个人能力等方面进行），从而发现可能适合孩子的专业和职业。同时，自我评估和自我认识也是生涯规划的核心部分。

1. 了解孩子的兴趣

我们可以引导孩子通过专业的心理测评来了解兴趣方向，如霍兰德职业兴趣测评、多元智能测评等；还可以从遗传因素、个人成长经历、家庭的整体环境等方面去寻找孩子的兴趣所在。家庭的整体环境是影响一个人成长与发展的重要因素，对一个人自我意识的形成有持续和长久的影响。例如，出生在音乐世家的孩子往往有较强的音乐感知能力和音乐天分，画家的子女在对色彩和绘画的理解方面也具有很强的天赋，等等。这些与生俱来的能力对孩子的发展会起到重要的影响。

2. 了解孩子的性格

一个人的职业与性格具有相关性。一个人从事的职业与其个性相吻合时，更容易发挥能力，做出成绩。

我们可以引导孩子利用思维导图罗列自己的性格特点并思考原因，

再借助专业的测评工具（如卡特尔 16 种人格因素问卷、艾森克人格问卷、人格五因素模型、MBTI 职业性格测试等）进行更全面和深入的分析。

3. 了解孩子的价值观

价值观是关于人生什么是“重要的”“值得的”的观念，指人们在生活和工作中所看重的原则、标准或品质。价值观决定生活态度，最终影响人生幸福感。

我们可以试着引导孩子为自己的价值观进行排序，在 WVI 职业价值观测试的 13 种职业价值观（见图 2.1）中按重要程度进行归类[①]：

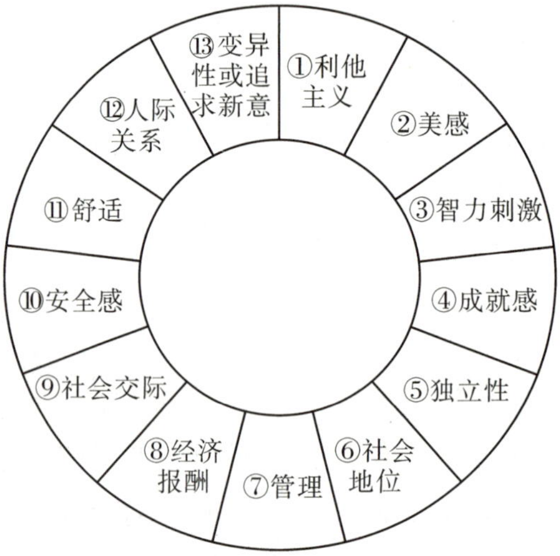

图 2.1 WVI 职业价值观测试

①最重要：________________

②次重要：________________

③次不重要：________________

④最不重要：________________

---

① 蔡世玲、洪向阳主编《高中生生涯发展导航》，广东教育出版社，2016，第 27–28 页。

4. 带领孩子一起讨论并确立学习的阶段性目标

了解孩子的潜能后，我们可以和孩子继续寻找与这些自我认知相匹配的专业和职业，根据客观环境适当调整目标。托尔斯泰说过："要有生活目标，一辈子的目标，一段时期的目标，一个阶段的目标，一年的目标，一个月的目标，一个星期的目标，一天的目标，一个小时的目标，一分钟的目标。"外在环境在不断变化，孩子也要适时调整自己，才能在学习中游刃有余，得心应手。

5. 多与孩子交流，倾听孩子的想法

高二孩子的自我认识发展到了一定水平，我们应该多听听孩子的想法，了解他们对于自己生活和学习的规划。我们要遵循多听少说的原则，给予孩子必要的支持；切忌随意点评，以免打压孩子的积极性。

6. 多为孩子创设适合其参与的体验探索活动

我们可以请孩子写出日常生活中喜欢做的 10 件事（见表 2.1），用心观察和发现孩子感兴趣的内容。

表 2.1　日常活动列表

序号	喜欢的日常活动	喜欢的理由	备注
1			
2			
3			
4			
5			
6			
7			
8			
9			
10			

孩子填好表格后，我们可以试着和孩子分析这 10 件事有什么共通性，再参照 ACT 23 种职业群[①]（见图 2.2），就可以大概了解孩子感兴趣和可能擅长的领域了。

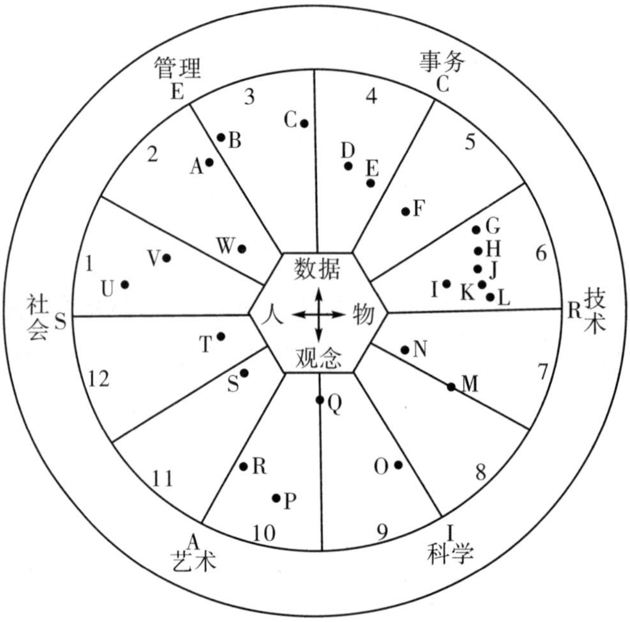

A. 市场与销售；B. 管理与规划；C. 记录与沟通；D. 金融交易；E. 储存与分派；F. 商业机器 / 电脑操作；G. 交通工具的操作与修理；H. 建筑与维护；I. 农业与自然资源；J. 手艺与相关服务；K. 家庭 / 商业电器修理；L. 工业电器的操作与修理；M. 工程学与相关技术；N. 医药学与技术；O. 自然科学与数学；P. 社会科学；Q. 应用艺术（视觉）；R. 创造 / 表演艺术；S. 应用艺术（写作与演讲）；T. 综合性健康护理；U. 教育与相关服务；V. 社会与政府服务；W. 个人 / 消费者服务机构。

图 2.2　ACT 23 种职业群分布示意图

① 根据 ACT 工作世界地图划分。ACT 工作世界地图是全球应用较为广泛的职业分类系统，由美国大学考试中心于 1985 年开发，可作为职业生涯规划的参考工具，用于评估个人的工作兴趣。

与孩子一起进行职业体验

案例分析

孩子如果能找准自己将来从事职业的方向，就能更好地掌握对未来生活的主动权。一些适合高二孩子的工作体验可以增加他们的阅历，帮助孩子调节繁重的压力，与学习相辅相成。要想孩子能规划好自己的学业和职业生涯，前期的认识和了解是非常重要的。我们可以陪孩子一起进行职业体验，认识和探索多元的职业世界。

案例　职业体验：外科医生职业访谈记录

1. 职业介绍

外科医生是责任大、风险高的特殊职业，除必须具备高超的医术以外，还要具备较高的个人素质、良好的品行和作风。

2. 访谈对象基本情况

性别：男

年龄：54 岁

职业：外科医生

职位：副主任医师

学历：大学本科

工作经历：1991 年开始参加工作，至今已超过 30 年。

3. 访谈对象特点

性格及品质：有责任心，热情。

职业兴趣类型：实践型、研究型。

职业价值观：自我成长与自我实现。

专业能力：能力较强，能够较好地独立主刀完成疑难手术。

4. 职业简介

职业例行工作：门诊接诊，会诊，做手术。

职业所需能力：对手术中出现的问题应对自如，能化险为夷。

职业所需素养：认真负责，勤于实践。

行业发展前景：向外科手术的微创化发展。

工作特点（薪资、工作环境、工作挑战性、对口专业、学历要求、成就感、稳定性、独立性、社会地位、社会贡献等）：工作稳定，成就感强，社会资源广，接触面大，社会地位高；工作强度大，压力大，风险高。

5. 对从事职业的感受

入职前的感受：激动、好奇。

入职 6 个月后的感受：临床实践需要摸索和反思，从医学理论到临床实践是一次重要的跨越，这些在学校里是学不到的。

遇到让自己陷入困境的事件及感受：有时碰到急诊手术，需要高度集中的精神和快速准确的诊断。时间紧急，人命关天，压在自己身上的担子很重。

最有兴奋感的事件及感受：第一次独立主刀救回了一条生命，感到由衷的喜悦和轻松。

工作满意度（1～10 分,1 分代表非常不满意,10 分代表非常满意）：8 分

6. 对该职业的感受

这是一份极具挑战的工作。

7. 对从医经历的感受

医生的艰辛和困难，只有处在这个行业中的人感受才最深刻，绝非看起来那么简单。

8. 采访对话实录（部分）

问：请问您目前从事的职业是什么？有什么例行工作呢？

答：普通外科医生。平时负责在门诊看病，有时会去会诊，解决一些疑难病例，有时需要做手术。

问：会诊也是外科医生的工作范围吗？您在大学里学习医学的情况

是怎样的呢?

答:在大医院,各种科室分得很细,但在我们这样的小医院并没有很细的划分。其实我算得上是一个全科医生,会诊时可以解决一些疑难病例。以前在学校里会学习各种专业知识,到医院工作后也要经常去进修(由带教老师专门指导,进行实践和学习),遇到不明白的地方还要经常向有经验的医生请教,通过这样的方式培养能力,提高自己的业务水平。

问:您印象最深的一次手术是怎样的?可以谈谈当时的感受吗?

答:(沉默几秒)我记得是1996年做的一场妇科手术,患者是一位40多岁的妇女,上一场手术的失误导致她子宫穿孔。转院过来时已经是深夜12点钟了。当时情况危急,条件恶劣,手术持续了2个小时。(松一口气)那是我第一次独立主刀救回了一条生命,觉得非常有成就感。

问:您当初为何要选择这份职业?如果10分是满分,您现在对这份职业的满意度怎样?

答:(笑)小时候感觉做医生挺好的,有稳定的收入,亲人生病时还可以做出科学的诊断。对于满意度,我打8分,但说实话,医生的职业风险太大了。

问:谈到职业风险,可以谈谈您如何看待医患关系这个问题吗?

答:医患关系这个话题很复杂。现在人们对健康的需求越来越高,病人抱着最大的期望来看医生,如果这时候医生不能完全满足他们,就有可能产生医患纠纷。病人和家属来医院闹,会给医院和医院里的其他病人带来很大困扰。这些问题的产生,有时候是一方的原因,有时候是双方的原因。

问:可否谈谈您入职前的感受?

答:从学习到实践是一种跨越。实习时,我随身带着一本小本子,跟着医生边学边记边想。那时候感觉自己什么都不懂,所有的知识都是新鲜的,自己就像海绵吸取水分一样。我既好奇又认真,一步一步观察医生进手术室时怎么洗手、穿手术衣,怎么进行手术铺巾……

问:您认为哪些品质、性格和素养对胜任这份工作很重要?

答:我觉得当医生最重要的是具有仁爱之心,还要以诚待人,知道如何与人交流合作，尊重病人，胆大心细，不断学习专业知识……

通过职业访谈，孩子可以总结出成为职业人应该具有的一些能力和素养。孩子学习的内容如果仅局限在课本和校园的范围内，显然无法满足当今社会对人成长与成才的需求，而职业访谈能很好地起到连接理论和实践的作用。案例里孩子通过采访外科医生，加深了自己对职业世界的了解，还可以满足自己从实践中获得知识、提高个人能力的需求。让孩子积极地投身到实践中去，去经历、去感受、去体会，不断了解自我的价值和需要，正是教育实践的巨大魅力所在。

了解孩子

了解行业，探索职业，进行形式多样、内容丰富的职业体验，有助于高二的孩子获得更全面的职业认知，形成更多元的梦想，进行适合自己的职业规划。然而，不少孩子的认知仅来自校园，对校园以外的世界缺少直观的体会。这样的状态很可能直接影响他们现阶段的学习，产生一系列不良后果，如学习动力不足等。为高二孩子多安排一些可供他们实践和体验的活动，将有助于孩子的成长与发展。在高中阶段开展职业生涯教育，可以使孩子早立志，明确努力方向，动力充足，上大学后有较强的适应能力，进入社会后较少出现止步不前、畏首畏尾的现象。

高二孩子职业选择的标准有不同的侧重点。据中国人民大学中国就业研究所和智联招聘联合发布的《2020年大学生就业力报告》，关于大学毕业生择业看重的因素，60.8%的受访毕业生表示选择职业时看重“薪酬福利”，45.5%的受访毕业生看重“能够学习新东西”，分别有30.9%和30.5%的受访毕业生认为“有清晰的职业发展路径”和“工作和生活平衡”更为重要。另一项调查显示，在18种职业选择标准中，高二孩子最重视的前三项分别是“能发挥自己的特长”（56.3%），“工资待遇好”（46.3%），“更符合自己的爱好”（45.1%）；排在后三项的分别是“对职业情况了解”（9.4%），“安定保险”（7.3%），“有熟人”（6.7%）[①]。由此可以看出，高二孩子对职业能够给自己带来的自我成长与自我实现方面的要求更多，同时也会将经济收入等条件当作选择职业的重要衡量标准。

高中阶段是孩子探索前途的重要时期，也是孩子不断明确自我概念的重要阶段，如果此时能进行充足的探索和反思，将更有利于孩子调整既定的方向，更好地自我发现与成长。

实施指南

1. 多方面收集职业信息，帮助孩子了解我国职业的分类

《中华人民共和国职业分类大典》（以下简称“大典”）是我国第一部对职业进行科学分类的权威性文献，该书 2022 年版（社会公示稿）将我国职业划分按由大到小、由粗到细分为 4 个层次：大类（8 个）、中类（79 个）、小类（449 个）、细类（职业）（1636 个）。与 2015 年版大典相比，增加了法律事务及辅助人员等 4 个中类，数字技术工程技术人员等 15 个小类，碳汇计量评估师等 155 个职业（含 2015 年版大典颁布后发布的新职业）。

2. 鼓励孩子进行形式多元的职业体验

（1）职业人物访谈

职业人物访谈是指通过与职场人士进行访谈交流，了解更加真实的职业信息的职业探索活动。这种方式可以帮助体验者更好地思考该职业所需要的前期准备以及获取行业准入标准、职业能力要求等信息。

---

① 王一敏：《中学生生涯教育理论与实务》，广东教育出版社，2016，第 25–26 页。

对高二孩子来说，进行职业访谈是有可操作性的，也是较有意义的职业探索活动。孩子可以通过采访父母、亲戚等方式，进行职业生涯的初步探索。

（2）走访调研职业信息

大学毕业生的就业形势日趋严峻，常会出现“供大于求”的局面。其原因有很多，我们可以指导孩子提前做好准备，以便更从容地应对。

我们要帮助孩子尽可能了解其自身的能力和局限。每个人都是可发展的复杂的个体，对自身能力的了解不是在短短几天内就可以做到的，而是需要经历长时间的自我发现。

《礼记·中庸》有云：“凡事豫则立，不豫则废。”我们可以陪孩子到人才市场等机构对职业信息进行前期的走访和调研，更加真实深入地了解近年来我国职业发展的情况及就业率等信息，这有助于孩子更加直观准确地对自己的职业发展方向做出判断。

（3）开展相关职业体验

陆游诗云：“纸上得来终觉浅，绝知此事要躬行。”实践是检验真理的唯一标准，而职业体验是理论结合实际的重要方式。职业体验可以让孩子发现自己需要加强学习的地方，更真实广泛地了解校外的世界。高二孩子开展职业体验的方式可以参考以下几点：

①在假期里寻找合适的工作岗位，真实体验入职和工作的过程。一些用人单位会招聘小时工、暑期工等，孩子可以在家长的陪同下，通过投递简历等方式参与求职和就业。

②积极参与学校组织和开展的各项生涯课程和实践活动。新高考政策实施后，很多学校陆续开设生涯规划课程，旨在为学生提供更多认知和行动上的准备。此外，越来越多的学校将运营学生社团作为德育工作中的重要内容，形式多样、富有创意的社团不断涌现，如演讲社、书画社、心理社、财商社等。积极参与学校的社团活动也是孩子生涯实践活动中的重要内容。

③开展模拟创业实践活动。近年来，国家大力提倡大学生自主创业，这一政策鼓舞了大学生自主创业的热情。高中孩子因为学习时间、年龄、个人能力等局限，还不具备自主创业的条件，但可以开展一些模拟自主创业的活动，如撰写创业企划书、开展市场调研、参与跳蚤市

场等。

④参加志愿者服务。学校的志愿者服务团队也是孩子可以积极参与、获得职业实践体验的重要渠道。由孩子们自主联系、策划开展的活动，将对他们提升职业能力有很大的帮助。

（4）带着孩子体验家长的职业

我们可以向孩子描述自己的职业，条件许可时也可以带着孩子一起去工作，让孩子更真实地走进父母的职业世界，体会父母的工作状态。

一起写一份生涯规划书

案例分析

人生需要规划。美国著名心理学家、生涯规划师舒伯认为，职业发展是人生成长的一部分，个人在生活中扮演着子女、学生、休闲者、公民、工作者、持家者等 6 种角色。他把人的生涯发展分为 5 个阶段，高中生主要处于舒伯理论中的“探索阶段”(详见《家庭教育　高中一年级上》第二专题相关内容）。可见，高中阶段的生涯规划对个人今后的发展具有重要的奠基作用。

北京教育科学研究院的一项调查结果显示，42.1% 的大学生对所学专业不满意；如果可以重新选择，65.5% 的大学生希望重新选择专业。高二的孩子如果能够科学地进行生涯规划，就更能增强学习动机、明确学习方向，从而更有效地设定和调整生涯目标。

案例 生涯规划：普通高考志愿填报分析

第一志愿

院校名称：<u>武汉大学</u>［该院校2021年在广西的文科最低投档分数线（普通类）为<u>638</u>分，该分数线与当年广西一本线的分差为<u>108</u>分。］

专业志愿一：<u>历史学类</u>，专业志愿二：<u>工商管理类</u>，专业志愿三：<u>公共管理类</u>

第二志愿

院校名称：<u>广西师范大学</u>［该院校2021年在广西的文科最低投档分数线（普通类）为<u>550</u>分，该分数线与当年广西一本线的分差为<u>20</u>分。］

专业志愿一：<u>历史学</u>，专业志愿二：<u>工商管理</u>，专业志愿三：<u>行政管理</u>

1. 填报感受

经过寒假期间对大学专业的研究，家长和孩子对大学专业的选择有了更深的认识，发现填报志愿并没有想象的那么简单。专业的选择，既要结合孩子的兴趣和成绩，还要查找相应的高校并确认其在广西是否有该专业的招生计划。几经思考，孩子决定把目光放在武汉大学的历史学专业和工商管理专业，其次是广西师范大学的历史学专业。

2. 填报分析

从专业来看，历史学专业一直是孩子很向往的专业。历史文物对孩子来说有着奇妙的吸引力，孩子认为历史文物中沉淀着不同时期的文化底蕴，研究历史文物就如同细细品尝一杯茶，需要沉得下心，浸入其中，但又不能被其浩瀚所淹没，这一种状态一直是孩子所向往和追求的。历史学专业恰好可以为孩子提供这样的环境和条件。南开大学、吉林大学等高校的历史学专业近三年均不在广西招生，但是武汉大学和广西师范大学的历史学专业则在广西招生。武汉大学历史学专业近五年在广西招生的分数线平均在630分左右，如果把武汉大学的历史学专业作为孩子的第一志愿，不仅能满足他的兴趣，并且以他的能力有希望被录取，相较于北京大学等高校的录取分数线，武汉大学明显更加符合孩子的实际情况。

对于广西师范大学，孩子也是明确冲着历史学专业去的，该校历史学专业的录取分数线对孩子来说不难达到。若武汉大学的第一志愿不能实现，广西师范大学对孩子来说也是不错的选择。

工商管理专业也是孩子的兴趣所在，实用性也更强。武汉大学的工商管理专业也很不错，在第一专业志愿的历史学专业不能被录取的前提下，工商管理专业则可以作为第二选择。

3. 对高中阶段学习的分析

学习成绩达标是前提。孩子的成绩相对于武汉大学的分数线仍略有不足，所以提高成绩将是孩子在高二阶段的主要目标。此时家长要注意多与孩子交流，多关心孩子的实际情况变化。

高二的孩子虽然已经进入高考复习的阶段，但相较于高三的全力出击而言，高二阶段的时间还是相对灵活的。此时孩子要做的就是多阅读有关历史的书籍，补充专业知识，并且在历史这一学科上要更加努力，找到更有效的学习方法，将专项复习和系统复习相结合，做出合理的学习计划，各个击破，力争清除“疑难杂症”。因为高三将是全面冲刺的阶段，孩子将全身心地投入高考复习中，很难有时间再通过业余书籍补充知识盲区。

家长指导高中阶段的孩子用心地撰写生涯规划书是一件有意义的事。生涯规划书既是孩子个人生涯规划的过程和成果记录，也是孩子成长过程中的重要档案资料。能够完成生涯规划书，是现阶段孩子具备良好的学习态度和自我规划能力的体现，可以使孩子进一步思考自己学习和生活的现状，增强学习动力，明确学习目标。

了解孩子

高中的孩子在不同阶段会遇到不同的挑战，完成不同时期的任务是孩子成长与付出的体现。我们要引导孩子树立信心，但切忌盲目热情，教会孩子要有计划、分步骤地学习，养成踏实认真的学习习惯。

高二年级是高中阶段承上启下的年级。刚进入高一，孩子的主要目标就是适应学校，适应高中的学习生活。高二上半学期是适应后的腾飞期，孩子在这个时期的主要目标是定位适合自己的大学和专业方向；高二下半学期是学习和生活的稳步发展期，孩子在这个时期的主要目标是稳定和提升。

高中的孩子对未来有着无限的憧憬与想象，但在具体的生涯规划中还是会有目标不明确、学习动力不足的现象，这主要有两个方面的原因。一是对自身生涯发展规划的认识模糊。大部分孩子不了解生涯规划是什么，也不知道如何规划生涯。很多孩子和家长抱着船到桥头自然直的想法，认为高中生的任务就是在考试中取得好成绩，无须关注其他事情——这种根深蒂固的观念，也会导致孩子轻视生涯规划。二是对探索生涯发展的主动性不足。孩子们都知道学习的重要性，但对如何确立学习目标则普遍缺乏主动的探索。在巨大的学习压力下，孩子大多略显被动，学习的主动性及效能感也会出现偏低的情况。

早在20世纪70年代，英美等国就开展了对孩子的生涯教育，至今已经形成了较为系统的生涯教育体系，积累了丰富的生涯教育实践经验。我国的生涯教育虽然起步较晚，但得到国家和地方的高度重视，大有蓬勃发展的趋势。随着新课程和新高考改革的不断深入，为突出学生作为教育参与者的主体意识、自主发展和科学抉择能力，学校教育会更加强化对学生生涯教育的引导，加强学生对高校、专业和社会职业的了解，培养学生对课程选择、学科选择、专业选择的自主性和科学选择的能力。

《国家中长期教育改革和发展规划纲要（2010—2020年）》强调，要加强对学生的理想、心理、学业等多方面指导，为学生的人生发展奠定扎实的基础。对高中生开展生涯规划教育，对进一步推动国家的教育方针政策落到实处具有积极深远的意义。

1. 为新高考改革后孩子的选科提供科学的指导

2021 年 9 月，广西发布高考综合改革实施方案，广西自 2021 年启动高考综合改革，即从 2021 年秋季入学的高一学生开始实施新课程、使用新教材，不再分文理科；2024 年起实行“3+1+2”的高考科目设置模式，满分为 750 分。在新高考改革的背景下，如何科学有效地确定选择性考试科目成为高中孩子和家长需要面对的重要课题。

2. 促进孩子自我认识的发展，帮助孩子形成积极的自我认同意识

高中阶段的孩子更加关注自我认识的发展，对自我认同有着强烈的愿望。调查显示，我国高中生的心理健康水平偏低，心理冲突或矛盾比其他学段的学生更为明显。高中阶段积极的自我认同，往往可以体现出孩子更高的自主能力和自尊水平。

3. 激发孩子学习的内在动机

高中孩子承担繁重的学习任务，对“我未来想要做什么”“我现在的学习是为了什么”“我未来的人生目标是什么”等问题普遍缺乏深入的思考。孩子的自我思考与内在动机不足，就很难找到学习的意义和自我价值，容易出现心理和行为的偏差。科学制订生涯规划，可以更好地引导孩子形成积极而多元的自我评价，增强孩子的自我价值感，从而转化为孩子学习和生活的内在动机。

4. 提升孩子的适应能力与生涯规划能力

不少高中孩子对大学、专业和职业的了解不全面，在填报志愿时难免出现盲目选择、盲目跟从等情况。在高中孩子的生涯规划中增加社会实践，组织开展了解大学及专业的社会调研和访谈，开设生涯课程等内容，可以从不同的角度提升高中孩子的社会适应能力及生涯规划能力。

实施指南

1. 和孩子一起了解“家族职业树”

每个人成长的背景不同，个人发展会受原生家庭不同程度的影响。了解家族成员的职业信息，形成更为全面的职业认知，对高二孩子来说是十分必要的。

我们可以引导孩子了解的家族职业信息有很多，如家族中从事哪种职业的人最多，家族中各自向往的职业有哪些，等等。我们可以指导孩子分类列出家族成员从事的职业，绘制“家族职业树”。（见图 2.3）

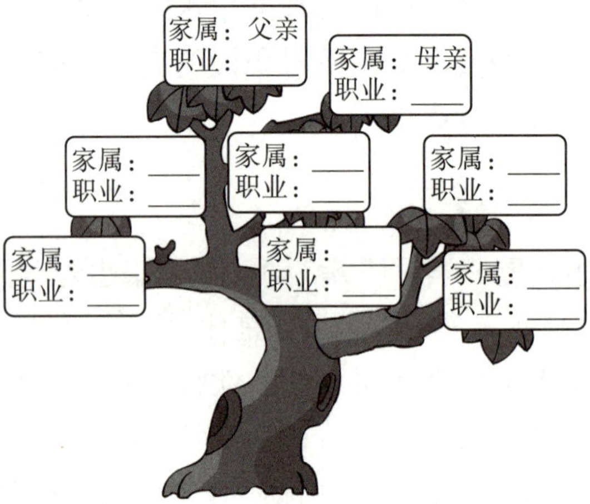

图 2.3 “家族职业树”模型

2. 引导孩子思考并形成职业观

家人的职业或多或少会给孩子带来一些影响。我们可以围绕职业和孩子交流，如“你喜欢家族成员从事的这些职业吗？”“你对自己的未来职业有什么期待？”“哪些是你考虑将来从事的职业，原因是什么？”“哪些职业是你绝对不会考虑的，原因是什么？”“在选择职业时，你重视的是哪些条件？”等。

3. 指导孩子一起尝试制作生涯规划书

生涯规划书的形式不一而足，常见的有表格、生涯导航图等，制订生涯规划书的目的是让制作者更加明确自己人生的方向。高中阶段的生涯规划书应侧重自我分析、职业兴趣、大学及专业认知、高考选科、学业规划等方面。我们可以与孩子一起讨论、分析，根据孩子的实际情况制作生涯规划书。（样例见表 2.2）

表 2.2　生涯规划书样表

（1）自我分析

类别	内容	
个人特点	总体特点描述	
	优势：性格比较外向。喜欢与人打交道，待人友善，乐于助人；遇事愿意从积极的角度思考，有责任心，做事有毅力	劣势：容易急躁，缺乏耐心；做事不够细心
职业兴趣	喜欢有秩序的、相对安稳的职业，希望从事能够踏踏实实做事、较能体现社会责任感的职业	
我的职业价值观	能够帮助别人，与他人愉快合作，有稳定的经济收入	
家庭环境分析	优势：父亲是工程师，在了解工程师职业特点时可以向父亲咨询；母亲是教师，平时比较关注我的学习情况	劣势：家庭的氛围不够温馨；父母工作都比较忙，能和他们交流的机会较少；有时父母对我的学习给予过多的负面评价，让我有点心灰意冷

（2）职业兴趣

类别	内容
感兴趣职业	教师
职业能力要求	具备良好的专业素质，对所教授学科的知识有较为全面系统的认知；有较强的求知欲和不断学习的能力、较强的课堂表现力与组织能力，以及与学生和家长良好沟通的能力；了解相关的心理学知识
职业发展前景	随着社会的不断进步和科技强国等理念的提出，国家越来越重视教育对个人全面发展的作用，家长也越来越重视对子女的教育；三孩政策带动教师行业的发展，未来对教师的需求量巨大；教师的福利有保障，工资待遇稳定
从业者感受	入职前的感受：紧张、迷茫 正式入职 6 个月后的感受：觉得每一天都很充实，对从事一直以来都向往的工作感到十分幸福，对每一天的教学都充满了期待和新鲜感 陷入困境时的感受：失落，困惑。但同事的暖心安慰、学生的贴心问候和帮助，使我十分感动 最能带来兴奋感的事件及其感受：培养的学生学有所成。只要能使孩子们树立积极向上的人生观，能让他们接近甚至完成梦想，就是我最快乐的事，感觉完成了自己的职业使命

（3）大学及专业认知

心仪大学	报考要求
武汉大学	本科第一批次；2022 年在广西的理工类计划录取人数为 154 人；录取最低分数为 630 分
南昌大学	本科第一批次；2022 年在广西的理工类计划录取人数为 95 人；实际录取最低分数为 546 分

心仪专业	报考要求
应用化学	对身体条件有要求，尤其对视力要求较为具体
材料化学	色觉异常不能被录取

（4）高考选科

选科	科目	选科理由	优势	挑战
选科 1	物理	喜欢钻研物理知识，且意向报考的大学专业要求选考物理学科	父母都是理工科出身，在物理学科上可以给予我相应的指导	高中的物理学科知识量增多，系统性很强，对完整知识体系的把握要求更高
选科 2	化学	喜欢学习化学知识，且意向报考的大学专业要求选考化学学科	喜欢并擅长做化学实验，对化学学科有浓厚的兴趣和执着的热爱，而且在学习方面也可以得到父母的指导	进一步提升化学学科的成绩，在每次考试中犯过的错误尽量不要再犯
选科 3	生物学	意向报考的大学专业都是理科类或工科类专业的。生物学学科与日常生活也息息相关，具有实践意义	对生物学学科有深入学习的兴趣，且平时成绩不错	对生物学学科的学习时间分配需要多加注意，不能顾此失彼

（5）学业规划

学期	目标与计划	自我评估与反思
高一上	做好初高中的衔接，适应寄宿学校生活，制订生活学习计划表，尽快进入高中的学习状态	进入高中，第一次离家住校，但我很快适应了生活方式的切换，和宿舍同学相处得很愉快。在宿舍里，大家有很多交流机会，这样的高中生活让我感觉非常亲切。不过在学习上，我还是有一些不适应。在初中时学习得心应手的我，进入高中后立刻感受到了高中课程对学习习惯和思考问题能力的考验。我将继续努力，争取尽快度过对高中的适应期
高一下	基本适应和熟悉高中生活，在人际关系、师生关系上要做更多的努力。多与同学讨论、沟通，多向老师请教，加深对学科知识的理解	我逐渐适应了高中的学习和生活，大致确定了学科选择。和班级的同学相处得也不错，交到了很多知心朋友。这学期和化学老师交流很多，老师帮助我打开了学习化学的思路，我对化学学科的学习自信心也增强了
高二上	更加适应老师的教学方法，学习和生活都稳步前进，能根据自己的学习情况调整学习方法。坚持课前预习和课后复习，提升听课效率。加强语文学科知识的学习，对文言文要加深理解	我已经熟悉了高中的学习和生活，也能按适合自己的节奏来调整学习方法。这学期我比较关注的是语文学科，花了不少时间来专攻文言文，还看了不少课外读物来增强自己的理解能力。同时，我也和文学社的同学们交流了一些学习心得，同学们的不同观点对我知识体系的构建很有帮助。虽然成绩还没有很明显的进步，但我可以感受到学习的氛围变得轻松了，期待未来可以有好的表现

续表

学期	目标与计划	自我评估与反思
高二下	拓宽物理学科知识面，多抄写和背诵数学公式，提升英语和语文的应用和表达水平	高二的学习任务很重，不能没有节奏和计划。这个学期我还是坚持加强语文学科的学习，按照预设的目标进行应用和表达能力的学习，目前已经有了一些效果。数学公式多而杂，需要反复记忆。在物理学科的学习上，我和爸爸做了不少深入的探讨，从中我也得到了很多新的思考方向和解题思路
高三上	备战物理竞赛；保持数学复习状态；英语、语文可保持高二的学习模式，暂不做更深入的要求	这个学期目标非常清晰，就是参加物理竞赛并争取获奖。目前的成绩还算不错，但是高考临近，不能松懈，要开始进入备考状态了。整体状态较平稳，有时疲惫感很强烈，但我仍然会为了梦想而坚持下去
高三下	专心准备高考	这个学期是高考冲刺期，老师和同学们都加快了节奏，这样的氛围很考验个人心态。我总结了一些能放松心情的方式，比如慢跑、听音乐，以及在安静的环境进行冥想，与班主任、心理老师和好朋友保持交流，等等。这些方式都能很好地帮助我调整心态，把握好生活和学习的节奏，让自己在高考中发挥真实水平

延伸拓展

一、阅读推荐

>>> 1.《你的降落伞是什么颜色?》(著者:[美]理查德·尼尔森·鲍利斯，译者:李春雨、王鹏程、陈雁；出版单位:中国友谊出版公司)

本书以“降落伞”比喻进行生涯规划的前期准备，每个人都是自己生涯发展降落伞的设计者和制造者。本书可以让孩子更全面地了解自我，帮助孩子打开思路、拓宽视野，培养孩子思考和解决问题的能力，使孩子的人生目标和理想越来越清晰。

>>> 2.《高中生职业生涯规划指导教程》(主编:李勇、杨白莉、迟学为、张洪波；出版单位:龙门书局)

职业生涯教育是近年来教育领域的热门课题。高中阶段是孩子从少年走向青年的黄金阶段，是孩子三观形成的重要时期。本书对高中生生涯规划的意义、教师如何指导、学校如何操作以及生涯规划的具体实施等重要环节进行了详细的诠释。

二、视频推荐

>>> 《寿司之神》(美国纪录片)

本片由被誉为“寿司之神”的日籍厨师小野二郎本色出演，记录了小野二郎毕生热爱寿司、追求创造完美寿司的历程，同时讲述了他的大儿子小野祯一追随父亲脚步的故事。

评估改进

一、自我评估

测测你对孩子进行家庭教育的情况。（见表 2.3）

表 2.3　家庭教育情况测试表

测试题目	是	否
（1）你是否了解孩子的优势能力?		
（2）你是否了解孩子感兴趣的事物?		
（3）你是否了解孩子的性格特点?		
（4）你是否觉得孩子需要参与一些职业体验?		
（5）你是否会为孩子提供一些职业体验的资源?		
（6）你是否觉得高中生撰写生涯规划书十分有必要?		
（7）你是否了解一些生涯规划教育的内容?		
（8）你是否会和孩子交流自己的工作体会和感受?		
（9）你是否思考过孩子将来的发展方向?		
（10）在孩子参与的职业体验中，你是否觉得家长起到了巨大的作用?		

【评估参考】

在测试中回答“是”越多，越说明你关心和了解自己的孩子，也更能帮助孩子进行更多元的学习，同时也说明你是一个善于学习的家长，亲子关系较好。在测试中回答“否”越多，越说明你对孩子的关心程度和教育方式需要更多的学习和自我反思；建议多进行亲子沟通和互动，更充分地了解孩子的兴趣和特点，为孩子提供更多的帮助和支持。

二、改进计划

表 2.4 改进计划表

序号	我的收获	我的行动改进
例	每个人都是不完美的，每个孩子都有自己的优势潜能。我要多观察并发现孩子的闪光点。	1. 多观察孩子的特点，不随意干涉和评价孩子的行为。 2. 多发现孩子的优势潜能，并创造条件帮助孩子发挥特长，不在孩子弱势能力上做过多的要求。 3. 明白每个孩子都不是全能的，要接纳孩子的不完美。
1		
2		
3		

第三专题　如何帮助孩子突破学习“迷茫期”

高二年级的孩子具备了高一时打下的基础，同时要为高三的总复习做准备。随着学业难度加大，有些孩子可能会发现，自己虽然在学习上花了很多时间，但是学习效果不明显，甚至还有些退步，导致渐渐失去自信心，步入学习的“迷茫期”。这时我们应该怎么做呢？是指责孩子不够努力，还是对孩子紧张、焦虑的情绪给予理解？抑或知道症结所在，却不知道该如何帮助孩子解决？

要突破学习的“迷茫期”，就要从学习方法和策略入手。学习方法有千万种，只要找到适合孩子的学习方法就是最好的。我们可以跟孩子一起探讨适合他（她）的学习策略，找到能帮助孩子提高成绩的方法。

专题目标

1. 帮助孩子了解和掌握提高学习能力的方法。

2. 了解孩子学习不自信的原因，帮助孩子掌握提升学习自信心的方法。

3. 指导孩子学会解决学习问题。

帮助孩子提高学习能力

案例分析

案例一　注意力不集中，自控力不足

小华初中时在父母的监督下，学习成绩还算不错；上高中后，“自由”的住校生活使他暂时脱离了父母的监督，注意力也渐渐不能集中在学习上。他上课开小差，写作业拖拉，经常不能按时完成老师布置的作业；周末回到家也不能专心持久地学习，总是控制不住地想玩。到了高二，他更是越来越跟不上老师讲课的进度。看到别的同学成绩稳中有进，小华感到很着急，也尝试过不少方法，但效果并不理想。

高中学习的内容多而广，知识深度远胜初中，需要孩子更加主动、投入更多的精力。而小华没有认清高中学习的特点，对学业掉以轻心，没能及时有效地从初中的学习过渡到高中的学习中来。这样的案例还有很多，不少孩子因为过度使用电子产品而导致学习注意力越来越不集中，从而影响了学习。

注意力是智力的五个基本因素之一，是记忆力、观察力、想象力和思维力的准备状态。注意力集中，可以使人清晰地感知事物，深入地思考问题，不被其他事物所干扰；注意力分散时，人们的其他智力因素将因得不到支撑而失去控制。

造成孩子注意力不集中的原因主要有以下三点：

（1）外部环境

学习环境杂乱、周围嘈杂、空气污浊等不良的外部环境容易分散孩子的注意力。我们要尽可能地创造能让孩子感到安心舒适的学习生活环境。

（2）自身因素

过度疲劳、人际关系不融洽等因素容易影响人的情绪，使人无法集中注意力。高中的孩子正处于容易冲动的青春期，心理较为敏感，情绪起伏较大。与父母、老师、同学、朋友的关系发生变化时，孩子的心神会受到干扰，严重时还会引发焦虑和抑郁情绪。

（3）学习目标

学习目标不明确、学习内容太易或太难，以及对所学内容不感兴趣等，也容易使孩子注意力不集中。学习犹如小鸟飞翔，有了学习目标就有了方向，有效的学习方法就像有力的翅膀。孩子如果在高一时不能适应高中的教学和学习方式，没有合理设定学习目标和采取正确的学习方法，那么在高二时就会感觉耗费很多时间却没有效果，渐渐失去学习自信心，对学习内容产生畏难情绪，影响学习的效率和效果。不少孩子因成绩下降而不敢放松，只能苦苦支撑，最后产生严重的焦虑情绪。

漫无目的、三心二意的学习是低效的，保持高度的注意力才有利于提高学习效率。那么，我们应该怎样帮助孩子提高学习注意力呢？

（1）保持健康的身心状态

良好的身体和精神状态是保持注意力高度集中的前提。协调好学习与休闲的关系，保持身体和大脑的良好状态，能使孩子的学习注意力保持高度集中。

（2）设置好学习目标和任务

工欲善其事，必先利其器。我们可以建议孩子上课前先预习课程内容，初步设定学习目标，以保持孩子在课堂上的注意力；设置完成学习任务的时限，告诉孩子在学习的过程中要多给予自己积极的暗示（如“我能坚持完成计划”），完成任务后再做其他事，逐渐养成做事有始有终的习惯。在学习的过程中，我们可以提示孩子从相对简单的问题入手，再尝试做难度更大的题目，循序渐进地进行学习。

（3）营造良好的学习环境

良好的学习环境可以使孩子身心愉悦，提高学习效率。比如，书桌上距离手边最近的地方只摆放与本次学习任务有关的资料，保持学习环境通风，灯光明暗调到适中状态，尽可能减少外界干扰，等等。

（4）采用适合自身的注意力训练法

①“深呼吸冥想”法

找一个让自己放松的地方，以舒适的姿势闭眼深呼吸，回忆自己曾经去过的风景优美的地方，想象“看”到的景色和“听”到的声音。

②“舒尔特表”训练法

“舒尔特表”是国际上常见且有效的视觉定向搜索训练工具。使用时，首先在纸上画出25个方格，将数字1～25打乱顺序填入其中，然后以最快的速度从1数到25，一边读一边指出相应数字的位置。用时越短，表示注意力集中水平越高（见表3.1～3.2）。我们可以制作不同的表格，让孩子每天训练几分钟，这不仅能提高孩子视觉注意力的集中程度，还可以帮助孩子拓展视幅、加快阅读节奏。

表3.1 “舒尔特表”示例（已随机填入数字）

2	6	17	22	4
3	7	9	24	23
8	11	10	19	12
13	16	1	5	21
15	14	25	18	20

表3.2 “舒尔特表”评分参考标准

年龄	等级			
	优秀	良好	中等	及格
5～6岁	30秒内	30～40秒	40～48秒	55秒内
7～11岁	26秒内	26～32秒	32～40秒	45秒内
12～17岁	16秒内	16～18秒	18～23秒	24秒内
18岁以上	12秒内	12～16秒	16～19秒	20秒内

③凝视法

在平行视线约60厘米处放置一个物体（如表、台灯、笔等），集中注意力观察它，并默数60～90下（用时约1～1.5分钟）。然后闭上眼睛，努力在脑海中勾勒该物体的形象，尽可能详细描述，如有错漏要及时补充完整，熟练后再转到更复杂的物体上进行同样的训练。每次训练要多重复几次，直到能将每个细节都描述完整。经常进行这项训练，不仅可以改善孩子的注意力和观察力，还可以增强记忆力。

（5）提升自控能力

案例一中的小华缺乏自控能力且缺乏自律。心理学研究发现，孩子之所以能在学习上持续发挥优势，是智力优势（长期记忆和抽象思维能力）和非智力优势（内驱力和自律性）平衡并发挥作用的结果①。要培养孩子的学习自控力，就要让孩子学会为自己的学习负责，明白哪些是“必须做”的事，哪些是“应该做”的事。培养孩子的责任心，就是扩大孩子“应该做”的事情清单，减少“必须做”的事情清单，因为“必须做”的事是学校、老师和家长给布置孩子的，而“强迫”容易激发孩子的逆反心理。

表 3.3 是孩子自律行为的表现清单，表 3.4 是孩子不自律行为的表现清单（表中内容来自国外某教育类网站，有改动）。我们可以对照一下，看看自己孩子的自律情况如何。

表 3.3 自律行为表现清单

年龄	行为表现
4 岁	别人抢了自己的玩具时，会向大人求助，而不是发脾气或报复同伴
6 岁	吃完早饭后无需提醒就可以自己穿上外衣
8 岁	不会和别的孩子一起取笑同伴
10 岁	放学吃完饭后能自觉完成作业
12 岁	如果有想要买的东西，会节省自己的零花钱
14 岁	为了准备考试而决定暂时不玩手机游戏，等考完试再说
16 岁	因备考而暂时停止娱乐活动
18 岁	如果朋友在考试中提供答案，会拒绝作弊

① 黄静洁：《学习的格局》，中信出版社，2020，第 135 页。

表 3.4 不自律行为表现清单

年龄	行为表现
4 岁	缺乏耐心，反复打断大人说话
6 岁	夜晚独自入睡困难，经常跑到父母的房间
8 岁	在父母离开的下一秒就急着偷吃零食
10 岁	别人在学习时，自己在玩铅笔
12 岁	一直想学琴，却从未行动过
14 岁	在同伴的怂恿下，会偷商店里的零食吃
16 岁	骑自行车时无法控制自己查看或回复手机信息
18 岁	热衷于将时间花在社交上，疏于为报考大学做准备

通过对照以上表现清单，我们可以发现孩子在自律方面存在的不足之处，那么应该如何提高孩子的自律性呢？

①坚持教育孩子遵守规矩。我们要注意把握尺度，坚持底线，同时以温和的态度晓之以理，让孩子心服口服、心甘情愿地遵守规矩。

②指导孩子明确学习动机。明确而强大的学习动机可以帮助孩子提高自律水平。我们可以和孩子一起设定可操作、可量化的具体目标，并对目标实现和计划执行的情况进行适当的评估。

③给孩子自我管理的机会。我们对孩子要给予足够的信任，可以邀请孩子参加家庭的一些决策讨论，尊重孩子的意见，培养孩子的责任感；也可以慢慢地将家里的一些事情交给孩子负责，充分“放权”，相信孩子的能力。

案例二 知识提炼方法使用不当

高二的小云很有上进心，学习认真刻苦，每天早早来到教室学习，放学后也学到很晚才回宿舍。学习占用了小云的大多数在校时间，她感觉有些疲惫，虽然每天学了很多内容，记了很多笔记，也做了大量练习，但是考试成绩就是不见提高。对此，小云既疑惑又焦虑。

高中的知识内容多、难度大，孩子花在学习上的时间很多，效果却往往不理想，这可能与学习方法有关。学习是极其复杂的脑力劳动，孩子在学习的过程中需要付出很多时间和精力。只有保持良好的精神状态，使用适合自己的学习方法和策略，才能有效提高学习效率和效果。我们可以寻找一些能帮助孩子整理归纳所学知识和解题技巧的方法，从而让孩子能更好地理解、记忆和应用单学科乃至跨学科的各个知识点。具体可以采用以下方法。

（1）思维导图法

思维导图是由英国记忆专家东尼·博赞在20世纪60年代发明的，被誉为现今“效率最高的思维工具”。思维导图是用一个中心关键词或想法，以辐射线连接所有代表字词、想法、任务或其他关联项目的图解方式。它图文并重，层级清晰，逻辑关系直观形象，能充分运用左右脑的机能，利用思维、阅读和记忆的规律，协助人们在科学与艺术、逻辑与想象之间平衡发展，从而激发大脑的无限潜能。运用思维导图对所学知识和解题技巧进行整理，可以加强孩子思考和记忆的能力。

我们在指导孩子运用思维导图时要注意以下几点：①不借助课本，让孩子凭记忆和联想来绘制。利用思维导图重新梳理知识，查漏补缺。②思维导图是循序渐进的，所整理的知识点应由大到小，由粗到细。如果孩子的基础薄弱，可以从最基础的知识点开始。③帮助孩子养成在每天学习结束前，运用思维导图整理重点知识的习惯。

（2）错题整理法

做好错题管理，能有效提升学习效果。高中孩子普遍会大量做题，但也有不少孩子反映，做了那么多题，分数却不见提高。其原因可能是没有能够对做过，尤其是做错的题目进行归类和反思，找不到出错的原因，没有总结解题思路，在考试中也就很难提高做题的准确率。

我们可以指导孩子利用活页笔记本制作错题本，以便对不同题目进行归类整理。制作错题本时，可以将页面分隔成两部分，一部分用来记录题目及其解法，另一部分用来分析做错原因和归纳解法。

指导孩子做好错题管理，家长需要做到以下几点。一是引导孩子用自己的语言分析解题错误的原因，并对正确解法进行归纳。如果孩子能用自己的语言表达题目考查的知识和技能，就说明孩子对这些知识和技能有了较为深入的理解。二是指导孩子分析出错原因，明确是解题过程失误，是审题错误、知识记忆错误，还是运算错误，等等，分类归纳各种错误类型。三是在分析错解的原因时，引导孩子思考是否有其他答题角度，哪种角度更好，从而进行思维重组。四是提醒孩子科学使用错题本，定期翻阅。由孩子自己决定时间间隔，一周、两周或一个月，或学完某部分内容均可。在考试前把错题集拿出来看看，有助于温故知新，实现有效备考。五是指导孩子定期筛选错题，将完全弄懂的题删掉，在还没有明白的题上做标记，及时请教老师和同学，作为今后复习的重点。可以进行第二轮、第三轮甚至多轮筛选，直至完全掌握这些题目。六是鼓励孩子和同学讨论错题，相互学习。孩子们的学习基础不同，制作的错题本也不同。通过交流，孩子可以吸取其他同学的经验教训并从别人的错题中得到启发，提高自己做题的准确性。

案例三 记忆困难

小涛自从上了高二，在学习中一遇到需要背诵和记忆的内容就头疼。小涛从小就特别害怕背诵，总觉得自己记不住东西，所以对于语文和英语等需要花费较多时间和精力记忆的科目，他的成绩都不怎么好。课上每次轮到自己背诵，他总是找各种理由逃避。

高中的孩子要兼顾多个学科，需要记忆的知识数不胜数。很多孩子因为不了解记忆规律，没有掌握有效的记忆方法，所以害怕学习需要大量记忆的科目。但是孩子越不记忆，没掌握的知识就会积累得越来越多，考试和测验成绩自然就不理想，就会因此产生焦虑、急躁的情绪，对学习也就越来越没有信心，越来越记不住知识点。长此以往，造成恶性循环。

在记忆前，孩子需要先了解记忆的规律。一般情况下，重复记忆的次数越多，记忆力保持得越好；在记忆数量多的内容时，容易产生记忆困难。记忆新学习的内容时，最好能将所需记忆的内容与原有知识进行联想，形成新旧知识之间的有机连接，在复习巩固旧知识的基础上，完成对新知识的摄入。

对此，我们可以给孩子如下建议：

①调整好自己的情绪，以积极的态度来面对学习。给自己“我能记住这些知识”之类的积极暗示。

②集中注意力。记忆时要专心，排除杂念和外界干扰。在这种状态

下的记忆效果较好，不易遗忘。

③深度理解。理解是记忆的基础，只有真正理解才能记得长久。对于重要的内容，理解和背诵相结合效果更好。

④及时复习。遗忘的速度是先快后慢的，及时巩固刚学的知识，是强化记忆痕迹、防止遗忘的有效方法。

⑤经常回忆。经常回忆识记内容，纠正错误，弥补遗漏，才能有效避免遗忘。

⑥尝试使用联想法、分散复习法等方法进行记忆。

了解孩子

孩子到了高中，独立感越来越强烈，总觉得“我长大了”。由于在小学和初中时被父母管束比较多，到了高中，没有父母在身边监督，孩子们就特别想由自己掌控学习和生活。由于高中的学习和生活相对初中丰富不少，孩子们在高一时觉得新鲜，兴奋地适应新生活；但到了高二就可能会发现难以找到明确的学习目标，从而产生茫然甚至无助的感觉。

经过一年的学习，孩子们在学习能力、知识掌握程度和学业成绩上拉开的差距越来越明显。高二年级的知识量和难度相比高一的更大，对孩子的要求更高。面对复杂的知识、众多的解题思路，孩子需要通过不断摸索，找到适合自己的学习方法。同时，高二的孩子要面对多个科目的学业水平考试，更要学会合理分配时间，科学训练专注力和记忆力，使用科学的知识提炼方法，提高学习效率。

面对多科目的庞大知识体系和学科之间千丝万缕的联系，很多孩子感觉记忆困难。这就需要孩子挖掘和拓展所学知识，将各科知识进行有机结合，找到适合自己的方式来记忆学习材料，而不是死记硬背，这样才有助于提高学习效率。

实施指南

学习不只是孩子的事，家长引导孩子学会科学学习的重任责无旁贷。我们在教育孩子的过程中应力求做到：

>>> 1. 统一父母双方的教育观念

统一的教育观念有利于培养孩子坚定的信念、自信心和专注力；不统一的教育观念则会影响孩子的生活、心情和他们对事情的见解与判断。在孩子的教育问题上，父母双方在大方向上的观点应保持一致，如果出现分歧，应该友好协商，尽量做到“求大同”；如果因为观点分歧而产生争吵，应尽量回避孩子，可以对孩子说“孩子，让我先和你爸爸/妈妈商量一下”。

>>> 2. 培养孩子具备整理自己的学习环境的能力

我们可以鼓励孩子定期整理房间，也可以和孩子商量教室课桌的整理和宿舍的环境布置。学习用品摆放得有序整齐，有助于培养孩子的专注力，也能帮助孩子养成专心细致的习惯。

>>> 3. 养成“一个时间段只做一件事”的习惯

比如吃饭时就专心吃饭，不谈学习的事。如果要与孩子谈论学习，最好选择专门的时间。

>>> 4. 提升家长自己对学习原理的认知水平

我们可以了解和掌握关于注意力和记忆力、思维导图、错题整理等有关学习的基本知识，并尝试指导孩子运用学习策略进行学习；鼓励孩子勤反思学习的情况，多与老师和同学沟通。

5. 与孩子商量并制订“注意力提升计划”，进行集中注意力的训练

我们可以指导孩子根据实际情况，适时调整学习目标和时间期限。学习开始前，可以先用几分钟整理书桌和学习环境，并进行积极的心理暗示；学习结束后，对本次学习进行总结与反思。另外，平时还可使用“舒尔特表”进行注意力的训练。

6. 指导孩子巧用方法回顾学习内容

鼓励孩子运用思维导图法、错题整理法等方法对所学知识和解题技巧进行整理并复述自己整理的内容。如果有家庭活动或者外出计划，可以适当让孩子用思维导图绘制活动计划、物资准备等事项并按思维导图落实。

帮助孩子提升学习自信心

案例分析

案例一　个别科目成绩差

在初中时，小雨的数学成绩一直不理想；上了高中，小雨的其他科目都学得不错，只有数学经常考试不及格。升高二后，满分 150 分的数学试卷她通常只能考 50～60 分，从而导致她的成绩总分偏低。小雨越来越害怕上数学课和做数学练习，在数学考试中的心态也很不稳定，连能力所及的题目都经常丢分。“我数学不好”“我怎么样也学不好数学”“数学太难了”等想法充斥着她的脑海，她感到很焦虑。

小雨由于长期考不好数学，形成了恐惧数学、对数学学习感到无望的心态，失去了自信心，缺乏解决在数学学习过程中遇到的困难的动力。越缺乏学习动力，也就越学不好，陷入消极的循环。

解决小雨问题的关键是帮助她建立并逐步提升学习数学的自信心。以此为例，结合自己孩子的情况，我们可以从以下方面来指导孩子。

（1）设定合适的学习目标

我们要引导孩子在不同阶段设定适合自己的目标。学习目标由低到高，任务由小到大，让孩子一步一步实现低的、小的目标，再冲击高的、大的目标，这样能增加孩子的成就感，提升学习自信心。

（2）加强积极的自我暗示

我们可以把自己在遇到困难时使用过的积极的自我暗示分享给孩子，如“没有想象中的那么糟糕，这件事还是有转机的”“加油，再想想还有什么办法”“以前能做好，说明我的能力是足够应付这件事的”等。鼓励孩子在遇到困难时多进行积极的自我暗示，如“我是可以学好数学的”“数学成绩之所以提不上去，是因为我还有一些问题没有解决，只要我解决了这些问题就可以了”“我能学好其他科目，数学也不例外”等。

（3）抓基础，多训练

扎实的学习基础和训练是建立自信心的重要途径。小雨的数学经常考 50～60 分，说明她的基础不扎实，难题不得分，中等和偏易难度的题目丢分多。这种情况就需要把学习的重心放在基础知识和技能的学习和应用上。

学习基础薄弱的孩子可以每天专门安排一段时间进行知识回顾、做题、小结等训练，慢慢掌握过去遗漏的知识和解题方法。基础打牢了，效率就会慢慢提升，题感也会逐渐好转，自信心也会随之建立并提升。

（4）寻求同学和老师的帮助

向同学和老师寻求帮助也是行之有效的方法。我们可以建议孩子经常与同学探讨学习上遇到的问题，提升对薄弱学科的兴趣和认知，减弱对该学科的恐惧感。在找不到方法时，要学会寻求科任教师的帮助，因为老师能够更精准地分析问题所在，针对孩子的实际情况给出具体的建议和指导。

案例二 人际关系处理欠妥

小田是个内向的女生，平时不爱说话，在课堂上回答问题的声音也很小，不够自信。她总觉得自己身上没有突出的优点，长相一般，身高一般，也没有什么兴趣和特长。

小田最近遇到了一件烦心事。高一下学期末，因为一句玩笑话，她与最好的朋友小蓉闹了别扭，两人在整个暑假都没有联系。高二开学时，两人见面都没打招呼。小田心里很不是滋味，认为是自己造成了这个问题，所以去找小蓉和解。小蓉表示不是小田的原因，但两人的关系仍然没有好转。后来她发现小蓉在教室里跟其他同学说话时，经常会含沙射影地说她的不是。从那以后，小田开始莫名地关注身边的人，总害怕有人说自己的坏话，也经常担心自己跟别人说的话中是否有不合适的地方。小田对人际关系越来越敏感和焦虑，过度在意别人的看法，学习时也无法集中注意力，学习效率也下降了。这种状态导致她几次考试都没考好，还出现了从未有过的低分，严重影响了她的学习自信心，她感到很绝望。

孩子学习成绩波动的原因有很多，人际关系处理欠妥是常见的原因之一。研究发现，高中生的同伴关系、师生关系、亲子关系都与学业成绩呈显著的正相关①。正因为对自己、对人际关系不自信，没有形成稳定的自我，所以小田才会否定自己，过度关注他人的评价，害怕失去友谊。小田因人际关系问题而产生了焦虑情绪，她的学习注意力和自信心都受到了影响，学习效率降低，考试状态不好，成绩也随之下滑。

遇到类似的问题，我们可以建议孩子从以下几个方面进行调整。

（1）正确认识并悦纳自我

我们要鼓励孩子准确地自我定位，评估自己在性格、学习目标、人际关系等方面的表现，明确“我是一个什么样的人”；引导孩子正视自己的缺点，鼓励孩子对自己说“我有不完美的地方，我应该积极地面对和改进”。孩子只有悦纳自我，才能成就更好的自己。

---

① 缪祝意：《高中生人际关系与学业成绩的相关研究》，《中小学心理健康教育》2011 年第 15 期第 21–23 页。

（2）用积极思维代替消极想法

自信心不足的孩子在遇到困难时会有很多消极想法，如“同学们都不喜欢我”“我没有优点，一无是处”“如果我说得不好，同学们就会取笑我”“学习太难了”……我们可以向孩子示范并鼓励孩子花点时间进行自我对话，如“保持微笑，大家都喜欢微笑的我”“我很坚强，这是我的优点”“我以前有过类似的经验，这次我一定也能把事情做好”等，帮助孩子建立自信心。

（3）发现自身优势并发挥其作用

自信心不足的孩子往往会放大自己的缺点而忽略自身的优势。鼓励孩子发现并利用自身优势，可以帮助孩子建立自信心。我们可以尝试与孩子互动，说出对方的至少5个优点，或者在纸上列出优势清单，越多越好；鼓励孩子找几个同学、朋友或老师帮助寻找优势并做好记录，然后和孩子一起深入挖掘这些优势形成的原因及作用，在学习和生活中尽量发挥这些优势。

（4）合理归因

自信心不足的孩子往往会把失败归因于自身能力不足或者不够聪明。经常做这样的归因会使孩子觉得越来越无助。我们要指导孩子学会积极归因，比如客观分析自己努力程度是否足够、使用方法正确与否等，帮助孩子逐步建立自信心。

案例三　得不到关注和帮助

小刚的父母工作忙，从小刚小学起就不常在身边照顾，亲子交流也很少。由于缺乏父母的管教，小刚调皮捣蛋，学习不用心，从小学开始成绩就不好；上了初中后，情况有些好转，但因为基础差，小刚的多数科目成绩仍然不及格；上了高中后，小刚在学习上感觉更加吃力。因为成绩不理想，小刚总觉得自己低人一等，上课时不敢回答老师的问题，平时也不主动跟老师、同学交流；在长辈面前说话不自然，害怕说错话。遇到困难首先想到的是退缩和放弃，态度很消极。

小刚从小学习基础不好，父母又不常在身边，遇到问题时得不到及时的关心、理解和帮助，这些都是造成他自信心严重缺乏、人际关系不畅、思想消极和行为退缩的原因。父母在培养孩子自信心的过程中扮演着不可或缺的角色，自控力弱的孩子更是需要父母的督促。从小缺乏父母关爱的孩子会因为得不到安全感而倍感孤独。他们长时间得不到关注，也没有养成良好的学习习惯和自制力，从而导致学习成绩落后，渐渐丧失了学习自信心，甚至产生自卑感。

面对类似的问题，我们可以从以下几个方面做起。

（1）从易到难

我们要多关心孩子平时的学习状态，可以鼓励孩子从他（她）感兴趣和认为相对容易的科目入手，夯实基础，每天解决一部分问题，渐渐补上“短板”，提升该科成绩。另外，以点带面也是解决学习问题的常用方法，先培养一两个学科学习的自信心，再延伸到其他学科，从而带动整体上的进步。

（2）梳理知识并输出

我们可以督促孩子每天列出适量的学习任务，在学习结束之后记录学习收获，并与同学和老师交流。学习上的收获可以使孩子产生积极的情绪，促进学业进步，也可以激发孩子的潜能并增强学习自信心。

（3）勇于表达自我

我们要鼓励孩子多在家人、同学、朋友和老师面前表达自己的想法。如果直接表达有困难，可以先拟出框架再补充。为持续有效地训练表达，可以列出沟通计划，如每周至少要跟几位同学、朋友说话。还可以鼓励孩子多参与集体活动并当众发言。鼓励孩子尽可能找到锻炼的机会，在众人面前大声地表达自己的想法，如在课堂上大声清晰地回答问题、上台讲解知识点、组织班级活动等。

（4）主动分享

我们要多跟孩子分享自己的开心事，并鼓励孩子与家人、同学、朋友和老师分享快乐。例如，每天记录一两件在学习或生活上感到开心的事情，与同学、朋友、老师和家人分享自己的愉快体验等。分享快乐能使孩子收获更多的积极情绪，愉快的心情有助于孩子增强学习自信心。

了解孩子

人的行为是受思想观念制约的。有什么样的思想观念，就容易导致什么样的行为；有什么样的行为，就会产生什么样的结果，而这个结果又会使自己更加坚信以前的观念。这一过程多次循环便形成了信念。自信心便是在多次坚定信念的积淀中形成的[①]。

家庭教育氛围，父母的自信程度，亲子关系、师生关系、同学关系，以及孩子成长过程中的重大事件等因素都会影响孩子的学习自信心。而孩子对学习自信水平的高低不仅会影响孩子在学业上是否能取得进步，而且也会影响孩子的情感、社交能力、智力水平，甚至还会影响孩子今后的精神状态、事业发展和婚姻生活[②]。研究表明，学习自信心与学业成绩呈正相关，也就是说，提升孩子的学习自信心可以有效地提升其学业成绩。

实施指南

1. 尽可能多陪伴孩子

父母是孩子自信的源泉。在遇到困难和挫折时，孩子最需要的是父母及时的关注、理解和支持。我们要多跟孩子交流，陪孩子一起度过美好时光，如利用周末和假期全家一起跑步、爬山、看电影，或者到郊外野炊等。

① 刘永胜等:《教育就是唤醒自信心》，新世界出版社，2005，第 4 页。

② 汉弗莱斯:《培养孩子的自信心》，魏晔玲、李志东译，中国轻工业出版社，2002，第 32、119、160 页。

2. 言传身教

良好的家庭环境能在潜移默化中培养孩子的自信心。我们可以鼓励孩子积极面对困难，如“你可以的，你一定能做到”；要肯定孩子平时的表现，如“这件事你做得很好，解决了问题”；在与孩子沟通时应表达自己的真实感受，如“你能这样想，妈妈/爸爸感到很高兴”“我认为你的做法有点不合适，要不我们再好好想想怎样做才更好”等，真诚开放地和孩子进行情感交流。此外，我们应努力工作并力争做出一些成绩，看到努力工作的父母，孩子自己也会被感染。父母的认知模式和行为模式时刻影响着孩子，父母在孩子面前表现得自信、勇敢、乐观、有魄力，对孩子树立自信心很有帮助。

3. 保持和谐的家庭关系和人际关系

父母要处理好夫妻关系，也要处理好亲子关系，因为这两层关系也会影响孩子与老师、同学和朋友的人际关系。如果孩子处理不好人际关系，就有可能会影响他（她）的情绪和学习自信心，甚至学业成绩。

4. 多肯定，少比较

我们要多表达对孩子的肯定，少责备孩子，多给孩子积极的暗示，让孩子肯定自己的优势，从而获得自信，如“这件事通过努力，你是能够办到的”“我很认同你的看法”“你比我想象的更棒”“看到你在努力解决问题，我感到很欣慰”等。如果我们经常拿孩子与他人比较，即使出发点是好的，孩子在潜意识里也会认为自己不被父母所接纳，认为自己不够优秀，从而降低自我认同感，缺乏自信和自尊。

5. 允许孩子犯错和失败

孩子在学习过程中犯错和失败是很正常的，这是孩子必经的成长历程。孩子在遭受挫折后，容易丧失自信心，这时候就特别需要家长的理解和鼓励。我们可以和孩子一起分析失败的原因，共同寻找解决问题的办法。

6. 不过多干涉孩子的学习

我们要放手让孩子做他们力所能及的事。当孩子成绩起伏不定时，我们只需提供适当的建议；如果孩子愿意，可以进一步陪孩子一起分析原因、寻找对策。当孩子进步时，我们要适时给予赞扬和鼓励。父母的肯定能给孩子带来正面的心理能量，使孩子更努力、更有信心地去完成学习任务。

指导孩子学会寻求帮助，解决学习问题

案例分析

案例一 时间管理不当

从高二下学期开始，小峰在学习上就感到十分吃力，上课时对老师讲的知识似懂非懂，课后需要花很多时间才能完成作业。他每天的时间都安排得很紧凑，详细地规划了什么时间做什么事。虽然勉强能严格按计划执行，但学习效果并不好，小峰常常感到身心俱疲。最近他还落下了很多知识，考试成绩也退步了。

小峰将时间安排得满满当当，没有丝毫变通的余地，这样高强度的“自律”让学习变得机械化，看似所有能利用的时间都利用上了，但是真正有效的学习时间并不多，反而还累垮了身体。要解决这个问题，小峰需要适当调整时间规划：将规定在什么时间学习、学习多长时间以及学习什么内容改为能在一整天时间内完成这些学习任务即可；确定每天完成学习任务的顺序，但不做硬性的时间卡点规定。这样的调整有助

于小峰灵活运用时间来协调学习任务，不仅可以减轻压力，也能满足锻炼身体的需要和保证充足的睡眠时间。只有劳逸结合，精神状态才会好转。小峰自己也发现，在精神状态较好时学习，效率会更高。

我们要注意观察孩子的学习状态，及时与孩子沟通，告诉孩子遇到经过努力仍无法解决的困难时，应该懂得寻求他人的帮助。比如，尝试跟班里关系较好，且时间管理能力较强和学习成绩较好的同学聊聊，借鉴他们的经验；向老师求助，让老师帮忙分析自己现阶段在学习上出现的问题，参考老师的建议来调整学习计划。请自己信任的同学和老师当自己安排时间和管理学习任务的指导者和监督人，更有利于鞭策自己，提高时间管理的质量。

我们可以从以下方面来指导孩子有效做好时间管理。

（1）运用学习任务日志或周记，合理安排与监督学习时间

科学运用学习任务日志或周记，根据实际情况来决定如何安排每段时间对应的学习内容。

（2）运用时间管理优先矩阵，提高时间管理效率

时间管理优先矩阵是由美国管理学家史蒂芬·柯维提出的，旨在指导孩子根据实际情况分析并确定优先完成哪一项学习任务，这样更容易达成学习目标。（见图 3.1）

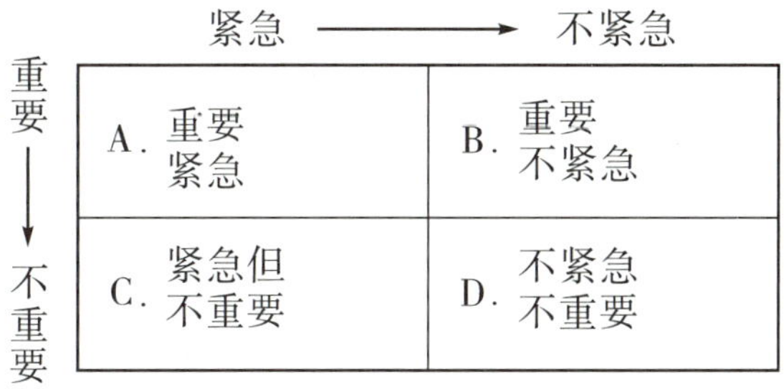

图 3.1　时间管理优先矩阵图

（3）指导孩子列出学习任务清单

懂得区分学习任务的轻重缓急，将其排序后列入学习任务清单（见

表 3.5），有助于孩子更全面地分析、调控与把握自己的学习任务。

表 3.5 学习任务清单

序号	学习任务	重要程度
1		
2		
3		
4		
5		

进行时间管理策略的训练时，我们可以与孩子一起监督学习时间的规划和执行情况，适时调整，提高孩子时间管理的能力，从而提高学习效率、增强学习效果。

案例二 学习积极性弱

小芸准备上高三了，但她最近的状态不太好，甚至有点想放弃学习。她发现不管自己怎么努力，成绩都提不上去，很多时候只能勉强完成规定的学习内容。她的学习自信心不足，对人际关系比较敏感，经常出现很多消极想法，比如“我是不是太笨”“数学太难了，我根本不可能学会”“我身上没有优点，真的是一无是处”“其他同学都能学好，平时都很开心，为什么我不行”“那些同学又在议论我了”……

小芸因为学习成绩起伏大，努力后仍无法收获理想的效果，所以产生了消极情绪。高中的学习内容多而深，高考的压力使孩子们的竞争异常激烈。由于成长环境、家庭教育、个人特质、思维和行为方式等方面的差异，孩子们面对同样的学习问题时采取的处理方式也不尽相同。小芸学习的积极性变弱，影响了她的学习态度和行为，导致学习效率低下，难以进步。

我们要留心孩子的情绪变化，发现孩子处于长时间情绪低落的状态且无法自行调整时，就要积极与孩子沟通，对孩子此时的消极情绪表示理解，同时鼓励孩子向身边值得信任、依赖的人倾诉和求助，以获得有效的支持。必要时还可以指导孩子寻求心理辅导，让孩子通过心理老师的专业分析，及时调整状态，恢复自信心，提升意志水平。

（1）鼓励孩子自我激励，激发内在学习动机

适当的自我激励可以使孩子产生持续学习的内动力，让孩子能勇于面对学习过程中的困难和挫折。正确调整情绪、使用积极的语言表达和自我暗示、树立远大的目标、不断挑战自己、给自己适当的奖励等都是科学的自我激励方式。

（2）指导孩子对考试结果进行正确归因

考试成绩出来后，我们可以和孩子一起针对这次考试进行详细的分析，对其中做得好的部分给予肯定，对错误或者失误的部分则认真分析出错原因并有针对性地解决。长此以往，孩子就会更明确自己在备考和考试过程中的优势和不足，做到心中有数。

（3）不只要关注孩子的学习结果，更要关注学习过程

如果我们只关注孩子的学习成绩，那么孩子可能会只看到自己的不足，产生更大的挫败感。而关注孩子的学习过程，才能让孩子感受到自己的努力和进步。

（4）调整对孩子的期待，并指导孩子调节学习目标或成败标准

学习会有成功，也会有失败。如果目标或标准定得过高，那么学习失败的概率也会大大增加，还会产生过多的消极情绪。当目标总是难以实现时，我们可以指导孩子适当降低目标和调整标准，循序渐进地完成任务。

案例三 独自奋战

上高中后，小果在学习上很用功，成绩也时有进步，但他平时很少与老师、同学交流。到了高二，他发现自己的学习似乎遇到了瓶颈。为此，小果买了很多学习资料，想通过加大学习量和练习量来提高成绩。虽然小果做了很多题目，但成绩就是不见有突破，他感到有些焦虑。

小果努力学习，看了很多学习资料、做了很多题，但成绩还是达不到自己的预期。遇到这样的瓶颈，小果就需要做出一些改变了，比如不

只做新题，还需要对旧题进行整理，找到解题错误的原因，提炼出解题规律和解决方法，提高资料的使用效率。如果还不见效，可以尝试寻求他人的帮助。在求助过程中要注意以下几点：

①求助前应分析这个任务的难易度、问题产生的原因、解题存在的困难，以及自己做过的努力等。

②根据以往的经验与具体问题的性质和难度等方面来确定求助对象。

③选择求助对象时，需要考虑其能力和态度。强的能力有利于解决要求助的问题，积极助人的态度能让求助者产生积极的情绪体验，激发求助者的学习内驱力[①]。

④明确自己是否已经清楚地表达了问题，自己是否都理解和掌握了对方提供的方法和建议。另外，还应根据对方回应自己的态度来调整自己的求助方式。

了解孩子

高二是高三的准备阶段。有些孩子不能很好地协调各科目的学习时间，也不能很好地处理学习与兴趣爱好的关系，在学习上遇到困难时容易手足无措，如果平时的努力程度不足，就很容易产生焦虑、急躁的情绪，甚至会放弃学习。

高二的孩子自我意识趋于成熟，有很强的自我观念，更愿意相信自己能够通过努力完成学习任务。所以他们在遇到问题时，往往不愿意将问题暴露在别人面前，而是选择独自面对和解决。然而，由于缺少方法和经验，很多时候孩子容易因无法解决问题而陷入困境，出现焦虑和孤独感，使情况越来越糟。

① 马有：《学业求助及其策略》，《内蒙古师范大学学报》（教育科学版）2009 年第 1 期第 94–96 页。

求助是战胜困难的有效学习策略，它并不意味着无能和依赖，反而是积极心态的表现，还有利于锻炼孩子的人际沟通能力。

实施指南

1. 做好自己的时间管理，给孩子做正确的榜样

孩子的时间管理模式往往直接从家长身上习得。如果父母作风懒散、行事拖拉，那么孩子也很难做好时间管理。我们应该经常反思，自己对时间管理得如何，工作和生活的时间管理是否合理等，并根据实际情况做相应的调整。

2. 鼓励孩子运用学习日志管理学习任务

我们可以对孩子的时间管理情况进行记录和分析，必要时与孩子沟通时间管理的效率问题。

3. 帮助孩子利用不同渠道提高学习效率

例如：结合教材选购参考资料，宜精不宜杂；陪孩子办理图书借阅证，周末与孩子一起去图书馆学习；善用广播、电视和网络等渠道，拓宽孩子的知识面，增强孩子的学习技能，但要注意把控好使用时间。

4. 适时对孩子进行激励

对孩子的进步，我们应多加肯定，可以给予适当奖励，比如让孩子决定想去旅行的地方，让孩子挑选喜欢的电影等。

5. 鼓励孩子遇到问题时学会向外界求助

当孩子的学习成绩起伏较大，努力了很久都没有起色时，我们应当鼓励孩子向老师或同学求助，并及时与孩子交流求助的心得和感受；还

要关注孩子在求助过程中和求助后的情绪变化，给予理解与接纳。

延伸拓展

阅读推荐

>>> 1.《提高学习成绩的6个策略：来自心理学的建议》（主编：刘儒德；出版单位：华东师范大学出版社）

本书结合丰富的教学实例，归纳和总结了能够有效提高孩子成绩的学习策略。这些学习策略蕴含了大量教育心理学、学习心理学的专业知识、实验研究和学术成果，提供了能够提高学习成绩的各种学习方法，对帮助孩子积极主动、高质量、高效率地完成课内学习任务具有很强的针对性与实效性。

>>> 2.《思维导图》(著者:［英］东尼·博赞、［英］巴利·博赞，译者：卜煜婷；出版单位：化学工业出版社)

思维导图的发明者东尼·博赞在书中运用大量的思维导图案例和适用训练实例，详细介绍了思维导图的形成过程、制作方法及其在学习、工作中的应用。

>>> 3.《超级记忆》(著者:［英］东尼·博赞，译者：卜煜婷；出版单位：化学工业出版社)

本书是东尼·博赞关于记忆法的经典著作，内容涵盖记忆名字、数字、日期、表格、演讲、文章、诗歌等。书中提出的技巧和方法简便易行，可操作性强。

> >> 4.《学习心理辅导》(著者：吴增强；出版单位：上海教育出版社)

学习是一项复杂的脑力劳动，我们需要了解学习的过程、影响学习的因素以及辅导孩子学习问题的方式方法，以便为孩子的学习提供帮助。本书探讨了“如何激励孩子在学习上拥有最大积极性”的问题，特别是在激励孩子进行自我监督、自我约束和热爱学习方面，提供了切实可行的方法。

> >> 5.《第五代时间管理》(著者：[德]约尔格·W.克诺伯劳、[德]约翰·胡格、[德]马库斯·莫克勒，译者：王音浩；出版单位：江西人民出版社)

本书将理论按步骤落到实处，善用故事和事例阐释时间管理，并辅以相应的练习，具有很强的实践性和针对性。书中提出“分享—生活—平衡”的人生计划，分成循序渐进的28个步骤，读者只需每天轻松地阅读一节即可。

评估改进

一、自我评估

测测你家的教育氛围是否适合孩子。(见表3.6)

表3.6 家庭教育氛围测试题目

测试题目	是	否
(1) 你的家庭环境整洁、安静，有利于孩子集中注意力学习		

续表

测试题目	是	否
（2）孩子成绩下滑时，你总是能够帮助孩子分析原因并一起寻找解决办法		
（3）孩子成绩进步时，你总是能给予及时的赞扬和鼓励		
（4）孩子能够运用一些方法对知识进行整理和归纳		
（5）你了解孩子的学习自信心情况		
（6）你了解孩子在学习上的注意力、理解和记忆等情况		
（7）你了解孩子在各学科学习过程中的表现		
（8）当孩子在学习上遇到困难时，你会鼓励孩子向同学或科任教师请教		
（9）当孩子通过努力仍无法提高成绩导致过度紧张和焦虑时，你会鼓励孩子向心理老师求助		
（10）你经常鼓励孩子挑战符合他（她）能力水平的难题		

【评估参考】

在测试中回答“是”越多，说明你对孩子的学习特点、过程和状态越了解，能较好地帮助孩子进行有效学习；同时说明你是一个学习能力较强的家长，对孩子的学业有促进作用。在测试中回答“否”越多，说明你对孩子的学习特点、过程和状态越不了解，需要在这方面进行更多的学习和提升。建议家长多阅读一些关于孩子学习方面的书籍和资料，或者向有经验的家长、朋友和老师请教。

二、改进计划

表 3.7 改进计划表

序号	我的收获	我的行动改进
例	孩子在高二的学习内容多，难度大，学习成绩有起伏是很正常的，提高成绩需要正确的方法。	1. 孩子的成绩不理想时，我要控制好自己的情绪。 2. 多跟孩子聊天，表达自己对孩子的理解，如“看到成绩上不去，你有点紧张和焦虑”等。 3. 尝试与孩子分析学习效率不高、成绩起伏大的原因，再一起寻找解决问题的办法。 4. 鼓励孩子向老师或同学寻求帮助。
1		
2		
3		

高中二年级下册

第四专题　如何教孩子接受生命的各种色彩

上了高二的孩子，跟高一时相比有什么变化？不少家长以为孩子经历了高一，应该适应了高中快节奏、高强度的学习生活，可是孩子并没能如己所愿：有时情绪起伏较大，几分钟前还兴高采烈，转眼可能就发起了脾气；有时回家后不愿意跟家人交流，把自己关在房间里；有时遇事容易烦躁，感到迷茫；遇到问题或者困难，总喜欢找别人的错；有时一提学习就“爆炸”，经常挂在嘴边的是“为什么我这么努力了，为什么一点儿进步也没有？”“为什么你们就知道问我学习怎么样？”……以上种种情况，都让我们在担心之余又不知如何解决问题。

假如遇到这些情况，你会采用哪些方法帮助孩子呢？

专题目标

1. 掌握能帮助孩子正视落差的方法，及时调整心态。

2. 学习情绪管理，通过正面引导的方式帮助孩子调适情绪，让孩子获得成功管理自我情绪后的喜悦。

3. 学会一些危机处理的方法，及时发现极端事件的先兆，与孩子一起探索人生的意义，让孩子学会珍视生命。

悦纳自我——帮助孩子正视理想与现实的落差

案例分析

案例一 成绩下滑明显，心理落差大

瑞强学习努力，从小就是老师和同学眼里的“学霸”。高一时，他的成绩还比较稳定，没想到上了高二，成绩就突然往下掉，而且越来越严重。他焦虑地对妈妈说：“表哥考上了重点大学，你朋友和同事的孩子也考上了北京、上海的重点大学。我知道你们都希望我也能像表哥那样厉害，考上好的大学。可是现在我都不知道该怎么办了，好灰心啊！”

瑞强由于成绩急剧下滑，产生了非常大的心理落差。高二是高中学习生活的关键时期，当成绩达不到自己的目标时，孩子就容易着急甚至产生自我怀疑，心理落差感越发强烈。此时，家长需要帮助孩子正确看待自己，肯定优点、找到不足，从而进行有针对性的改进；同时让孩子明白，分数不代表一切，学习成绩固然重要，但是追求知识的过程也很美好。具体可以指导孩子从以下几方面着手。

（1）鼓励孩子

使用如“我们看到你的确很努力”“你有挫败感，是因为想成为更好的自己，这是你的目标。人生有目标是非常好的”等激励性话语。

（2）端正认识

教育孩子要有明确的目标和正确的方法，虽然可能没有立刻看到效果，但持之以恒就一定会有收获。

（3）落实行动

当孩子说自己可以在哪个学科、哪个内容上有所进步时，我们要及时鼓励，并询问是否需要帮助；还可以鼓励孩子写出具体的行动计划，提醒落实。

（4）总结提升

分阶段关注孩子的计划实施情况，跟孩子一起反思总结，找到适合孩子的方法并及时调整。

案例二　青春期的小烦恼

自从上了高一，小蕾就进入了“战痘的青春”；到了高二，她脸上的痘痘更多了。她总是忍不住用手去挤，从而导致整个脸发红发炎，别提多难过了！从此，小蕾开始变得不爱说话，不爱与人交往，担心被同学嘲笑和嫌弃。妈妈看在眼里，急在心上，有时忍不住数落：“叫你不要吃‘垃圾食品’，别喝那么多饮料，不要熬夜，你听过吗？看看你这张脸，啧啧，难看死了！”“哎呀你别再挤了，再挤，发炎出脓，到时候有你好看的！”小蕾一听也急了：“我吃了啥？你什么时候看到我吃‘垃圾食品’了？”“你以为我愿意挤吗？长成这样，我能有什么办法？”这场因为“痘痘”引发的亲子战争就这么开始了。

类似的情景，我们是不是感到既熟悉又无奈？青春期的孩子自尊心强，我们该如何说、如何做才能避免亲子间“硝烟弥漫”呢？

（1）变数落为平等沟通

小蕾妈妈因为孩子的情况而着急，想靠自己的经验帮助孩子的心情是可以理解的，但命令和责怪的沟通方式很容易引起高中孩子的反感。如果家长把对孩子的数落换成平等的交流，孩子会更容易接受。试想一下，如果我们想帮助脸上长痘的同事，会怎么说呢？换位思考以后，或许小蕾妈妈就会换个语气跟孩子交流：“唉，看着你脸上这些痘痘，我也挺着急的。我问了朋友一些治疗青春痘的方法，你需要了解一下吗？”“看到你为痘痘的事挺苦恼的，需要我帮你预约医生看看或者做一些针对性的脸部护理吗？”如果孩子表示有兴趣，妈妈的好意自然就水到渠成了；如果孩子表示不想听，妈妈也要注意保持平和的心态，因为孩子有拒绝的权利。心态平和，有利于维系良好的亲子关系。

（2）变负面训斥为正面提醒

家长不要说“什么不能做”，而要提醒“做什么好”。比如可以这样提醒孩子：“最好能在晚上 11 点前睡觉，这样对皮肤的改善有好处哦！”用温和的方式提醒，更容易达到积极的效果。

了解孩子

孩子在高二阶段产生心理落差的原因是多方面的。

1. 对学习成绩不满意

如果自己的学习成绩一直达不到目标，而其他同学又稳步前进，孩子就很容易产生心理落差。这种“想而不得”的着急甚至会让孩子产生认知偏差，从而感到焦虑和产生自我否定。每个孩子都会有较强和偏弱的科目，因为弱科对总成绩的影响很大，所以一般情况下孩子都会下功夫提升。但弱科之所以“弱”，原因有很多，比如老师的授课方法、孩子的学习方法，甚至师生关系等因素都有可能影响学习成绩，并非努力就一定有收获。进入高二，各科知识点难度加大，孩子还要兼顾各科，精力有限，部分孩子就会感到学习更加吃力了，开始出现畏难情绪，落差感更强烈。

高二是一个“分化”的特殊阶段，孩子在知识掌握程度上已较明显地分出层次；成绩优秀的孩子因成功而获得自信，学习兴趣越加浓厚；学习困难的孩子因屡遭挫折而灰心、自卑甚至害怕；至于处于中等水平的孩子，有的能坚持不懈，有的则目标模糊。加上学习环境、人际关系等各种因素的影响，孩子间的成绩差距很容易被拉大。因此，我们要了解高二年级学习方面的特点，理解孩子受到的压力，接纳孩子即使很努力也没有进步而形成的落差感。

2. 对外貌不满意

对比身边漂亮、英俊的同学，有些孩子会觉得自己难以企及，难免会有些自卑。对比那些人缘好、会打交道的同学，有些孩子会感到自己不受欢迎，产生强烈的落差情绪。

3. 不能快速地适应环境变化

一些从农村的初中到城市的高中就读的孩子会因学校环境转变而感到别扭，也有一些孩子看到周围同学都在使用自己从未拥有过的名牌而产生心理落差，这些都是不能快速地适应环境变化的表现，可能会导致孩子自卑。

实施指南

作为家长，我们要发自内心地接受和认同自己的孩子，并教会孩子正视自我、悦纳自我；要告诉孩子，我们无法控制他人的评价，但能改变对自我的认识；要引导孩子学会悦纳自己，真心接纳自己的不足，接受无法改变的事实，真正地懂得如何去爱自己。

1. 鼓励孩子接受落差，悦纳不完美

“悦纳”，就是喜悦地接纳。我们要帮助孩子悦纳自我，同时明确悦纳不是逃避，不是不努力的借口。

①引导孩子接受遗传带来的身高、长相等无法改变的身体情况。可以推荐孩子阅读一些有关身高等生理方面的统计数据资料，了解当地和全国整体的情况，帮助孩子消除过大的心理落差。

②用孩子能接受的非语言方式（如眼神肯定、轻拍肩膀等），表达对孩子的接纳和肯定。

③经常用欣赏的语气和孩子交流，如“我看到你今天学习很认真”“你

的想法真棒！有独立的思考和主张”“这件事你处理得非常好”“看到你努力的样子，我很欣慰”等，肯定孩子的行为。

2. 引导孩子发现自己的兴趣所在，充分发挥优势

①鼓励孩子展现自我能力。如鼓励孩子做志愿者、参加公益活动等。

②主动了解孩子的兴趣爱好和理想，和孩子交流实现理想需要付出哪些方面的努力。

③鼓励孩子选择其喜欢并能坚持的运动，如跑步、球类运动等。

情绪管理——帮助孩子寻找调适情绪的策略

案例分析

案例一 宿舍风波

晓彤妈妈周五下午到学校接孩子回家。一上车，晓彤就抱怨：“妈妈，我上周回到宿舍，发现同学把又脏又湿的毛巾扔在我床上，讨厌死了，好生气啊！后来我忍无可忍，就对舍友们吼，‘是哪个家伙这么素质低，让人恶心’！”时隔一周，晓彤一提起这事还是一副气鼓鼓的样子。

如果你是晓彤妈妈，你会怎么想，又会如何回应孩子呢？

回应 1：“哎哟，不就一条脏毛巾吗？拿开不就行了。犯得着这么生气吗？”

回应2:“啊，这么差的素质。我找你老师去，让老师评评理！”

回应3:“你真是的，这么大惊小怪。你这么一吼，同学关系不就差了？以后人家怎么看你？”

如果我们使用以上3种回应方式，孩子说不定会跟我们抬起杠来，下次再有什么事也不愿意跟我们说了。面对情绪激动的孩子，我们怎么回应才能更好地指导孩子化解不良情绪、有效解决问题呢？我们来看看晓彤妈妈的做法：

①接纳孩子此时的情绪。晓彤妈妈这样回应孩子：“是啊，湿毛巾扔在你床上，确实不舒服，要是我碰上，也会很生气。”表达自己对孩子情绪的接纳和理解。青春期的孩子感到自己被理解，才会愿意听父母之后的指导。

②建议孩子跟同学理智地交流。晓彤妈妈建议孩子对乱放毛巾的舍友说：“你把湿毛巾扔到我的床上，我真的生气了！我对卫生的要求很高，请你马上把毛巾挂在挂钩上，谢谢！”

③指导孩子处理自己的湿床单。

晓彤妈妈引导孩子分三步表达自己的“愤怒”：首先，客观描述看到的具体事实——“有人把湿毛巾扔到自己的床上”；其次，描述自己当下的感受——“我真的生气了！我对卫生的要求很高”；最后，描述自己的诉求——“请你马上把毛巾挂在挂钩上”。如此一来，孩子就变“愤怒地表达”为“表达愤怒”。不是简单地发泄不满，而是掌握了处理问题的主动权。

案例二　成绩与努力不成正比

面对月考，媛媛为了实现提分目标，考前几天铆足了劲地复习。媛媛每天早上不到6点就起床，舍友还在睡觉，她就已经在背单词了；晚上，别人都进入了梦乡，她还在被窝里打着手电筒“刷题”，目标只有一个——提高分数。

考后一周，老师把试卷发回给学生。接到试卷的那一瞬间，媛媛崩溃了：成绩没有如愿上升，反而还下降了！她的脑子一片空白，眼泪夺眶而出。放学后，媛媛一言不发，神情呆滞。跟在一旁的妈妈忙说："别这样，我们知道你很努力了，这次没考好没关系，我们对你也没有太高的要求呀！"听到妈妈的话，媛媛忍不住当场瘫坐在地上放声大哭："我真的很努力了，把所有的时间都用在学习上，可为什么还是得到这样的结果！我不是学习的料呀！"

妈妈看着女儿，感到无比心疼，但又不知所措，不知道自己可以为孩子做些什么。

像媛媛这样非常努力但成绩不升反降的高二孩子不在少数，这类孩子往往容易急躁，考完试后更是容易崩溃。遇到这样的情况，我们应该适时、适当地引导孩子正视问题。

首先，关注孩子的情绪感受。我们可以引导孩子将难过的情绪表达出来，如"你认为自己这次考试的成绩不理想，所以感到伤心失望，对吗"。如果孩子确实如此，他（她）就会感受到被家人理解；如果孩子说"不是这样的"，那么家长可以借机追问："发生了什么，你愿意跟我们说说吗？"如此一来，孩子就比较容易打开心扉。

其次，试着平复孩子的情绪。我们可以尝试用戏谑的方式鼓励孩子，如"你知道吗？当年我上学时也总是不满意考试成绩，搞得心灰意冷，提不起精神学习。没事儿的，妈妈会陪你一起渡过难关"。家长主动"自黑"，勇提当年"丑"，容易在轻松的氛围中化解孩子自卑、自责的情绪。

最后，和孩子一起寻找解决问题的办法。我们要用实际行动表示对孩子的支持，如对孩子说："让我们一起想想办法，把成绩提上去吧！"

帮助孩子克服畏难心理，引导孩子将关注点落在解决学习方面的困难、定位未来的努力方向上，这样的亲子沟通才是有效的，这也是家长应该为孩子做的事。

案例三 "烦"在心，口难开

张明是一名心理咨询师。有一次，一名高二的孩子来访。孩子一坐下就忍不住"吐槽"："这段时间我总是莫名地烦躁，感觉很焦虑，想发火骂人。我也想控制自己的情绪，不把情绪发泄到爸妈身上，所以就把自己关在房间里。爸妈说，有什么事要跟他们说。但其实我也说不清楚我到底在烦什么，这让我怎么说啊！再说了，就算我真说出来，他们能懂吗？我干脆就不说了！”根据自己多年的咨询工作经验，张明知道，这是孩子需要家长更多关注、鼓励和帮助自己的信号。

高二年级的孩子，有时会有非常矛盾的心理活动，既渴望表明自己的想法，又怕袒露心思后担心别人不接受自己的观点。在矛盾的心理下，孩子容易进入焦躁却不想倾诉的状态。

遇到这样的情况，我们可以尝试和孩子沟通，比如对孩子说：“爸爸妈妈虽然也读过高中，但社会发展了，你的情况和我们当年的情况也不同了。爸爸妈妈可能没有办法完全理解你，体会不到你的难处，但我们愿意和你一起面对，分担你的痛苦。你愿意和我们说一说心里的想法吗？”这样的沟通方式，既表达对孩子的理解，又表示自己确实有做不到的地方，但作为父母，作为孩子的守护者，自己一定会站在孩子这边。孩子感到安心，情绪才容易平和下来。

我们还可以根据具体情况，进一步建议孩子把烦恼和抱怨写下来，并说明这样做的好处——让问题更清晰，有利于大家思考和交流。采用书面交流的形式，可以让孩子冷静下来复盘。在书写的过程中孩子能更好地反思自己在一些问题上的想法、目的和需要，对不良的情绪再认识、再消化，逐渐将其转化为平稳的情绪和认真思考的结论。等孩子情绪平稳后，我们要肯定孩子的倾诉，并就孩子写下的问题和孩子一同逐一解决。

了解孩子

研究发现，青春期是人的大脑结构快速发展的时期。在这个时期，孩子容易产生一些矛盾心理，从而引发各种情绪。家庭在调节孩子情绪方面的作用举足轻重，拥有良好家庭氛围的孩子能感受到更多的积极情绪，能够很好地预测和调节情绪问题，较少出现受消极情绪困扰的情况。

家庭是孩子一生的安全港湾，家里的人、事、物都会对孩子产生影响。面对日益加快的社会生活节奏，一些家长因感受到越来越大的生存压力及获得社会认可的压力，而不自觉地对孩子抱怨或发泄，这在一定程度上会对孩子产生不良影响。

我们应该学习管理好自己的情绪，才能引导孩子管理好他们的情绪。如何提升家长的自我情绪管理能力呢？我们来看看《秀才赶考》的故事。

有两个秀才分别住在一条街的两头。一天早上，他俩一起出发去赶考，没想到路上遇到了出殡队伍。看着厚重的棺材，甲秀才心里立即“咯噔”一下，凉了半截，想道：“完了，真是倒霉透了，赶考的日子居然碰到这个晦气的棺材。”于是心情一落千丈，直到走进考场，那个“棺材”还一直在他的脑海中挥之不去。结果可想而知，甲秀才文思枯竭，名落孙山。

乙秀才看到棺材，一开始他心里也“咯噔”了一下，但转念一想：“棺材，棺材，咦！那不就是升‘官’又发‘财’吗？这可是好兆头呀！看来这次考试我要鸿运当头了！”想到这里，他十分兴奋，一路情绪高涨，走进了考场。结果乙秀才文思如泉涌，最后如愿中举。

回到家里，两人都对家人说：“那‘棺材’真的好灵！”

看上去是“成也棺材，败也棺材”，其实对考试结果起作用的，是两个秀才对遇到棺材这件事的不同看法。

美国心理学家艾利斯通过研究提出了情绪 ABC 理论，他认为激发事件（A）只是引发情绪行为（C）的间接原因，而引起 C 的直接原因则是个体对激发事件（A）的认知和评价而产生的信念态度（B）。（见图 4.1）

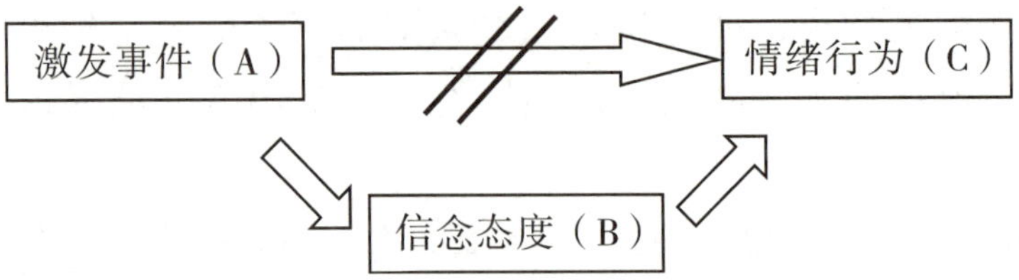

图 4.1　情绪 ABC 理论示意图

对待孩子的行为，不同的家长会有不同的看法，而不同的看法就会产生不同的情绪。每个人对事情的看法，都不可避免地受不合理、不合逻辑的思维与信念的困扰。我们在跟孩子相处时，常见的不合理的信念有“我很爱我的孩子，所以老师、同学、亲戚朋友也应该很爱他”“我各方面的表现都很优秀，我的孩子也应该比别人的孩子优秀”“任何事都应该按我的意愿发展，包括对孩子的教育”“已经定下的计划是无法改变的”“每个问题都应该有一个正确答案”等。而这些不合理的信念通常具有以下特征。

（1）绝对化要求

这是指以自己的意愿为出发点，认为某事物必定发生或必定不发生的想法。它常常表现为将“希望”“想要”绝对化为“必须”“应该”，如“在这次考试中孩子必须比上次进步”“孩子必须听我的”等。这种绝对化的要求之所以不合理，是因为每一客观事物都有其自身的发展规律，不可能完全以个人的意志为转移。

（2）过度概括

这是一种以偏概全的不合理思维方式的表现，常常把“有时”“某些”过度概括为“总是”“所有”。比如，对于孩子偶尔一次的考试失误，一些家长会认为这是孩子的学习出现了很大的问题的表现。片面的否定往往容易导致孩子自暴自弃，产生怨忿、敌意等消极情绪。

（3）糟糕至极

持此态度的人会认为如果一件不好的事情发生，将是可怕和糟糕的。例如，“我没当上班长，不会有前途了”“我没考上大学，一切都完了”等，而这些想法都是非理性的。对一件坏事来说，也许都会有比之更坏的情况存在，没有一件事情可被定义为糟糕至极。如果一个人长期持这种“糟糕至极”的观念时，那么当他遇到所谓“百分之百糟糕”的事时，就会陷入不良的情绪体验中，一蹶不振。

无论是家长还是孩子，在日常生活和工作遭遇各种失败和挫折时，要想避免情绪失调，就应该多反思自我的看法和思维，分析是否存在一些“绝对化要求”“过度概括”和“糟糕至极”等不合理想法；要有意识地通过合理的观念调节情绪，达到“扭转结果”的目的。

先改变自己，我们周围的世界才会被改变。家长越就事论事，孩子就越能感受到父母对自己的尊重；家长管控好自己的情绪，孩子才会感受到父母在和自己一起成长。家长经常跟孩子对一些问题进行事后分析，有助于孩子越来越从容地面对问题。

实施指南

1. 帮助孩子释放不良情绪

①允许孩子释放情绪。我们可以让孩子痛痛快快地哭一场，鼓励孩子找一个安全的、不被打扰的地方平复情绪，等等。

②让孩子感受到被接纳。我们要耐心听孩子说出他（她）的愤怒和失落，可以在倾听过程中适时复述孩子所说的部分原因，让孩子感受到家长在用心倾听。

③鼓励孩子思考合理的情绪表达方式，减少过激行为。

2. 帮助孩子平复情绪

①指导孩子学会通过深呼吸来调整情绪。

②和孩子一起健身，通过运动调节心情，如跟孩子一起沿着河边慢跑，陪孩子打乒乓球等，帮助孩子调整恢复精力、减少焦虑。

③调整和孩子交流的方式。幽默的对话方式有助于帮助孩子放松情绪；也可以通过定期写信的方式和主动孩子交流问题。

珍视生命——与孩子一起探索“生命之重”

案例分析

案例一 孩子也许没有想象中坚强

2019年4月17日，一位妈妈在一座高架桥上紧急停车，下车走到后车窗处骂儿子，之后返回驾驶座。然而仅仅过了8秒钟，那个被妈妈训斥的17岁男孩竟夺车门而出，穿过车流，跳下高架桥——整个过程只用了5秒。据妈妈反映，儿子因在学校与同学发生矛盾而遭其批评，却未料到会导致悲剧发生。

对此事件，网民们展开了激烈的讨论。有人认为，家人就是稻草，既是掉下悬崖的时候想抓住的那根，也是压死骆驼的那根；有人认为，因为孩子心理承受力太差，情绪失控才导致酿成悲剧；还有的人认为这位妈妈一定会在悔恨中度过余生。

至今回顾这起青少年自杀事件，人们还是会痛心不已。我们无法得知，这个少年经历了什么才会如此绝望，也许是多方面的压力积压已久使情绪爆发，也许是突如其来的郁闷一时无法疏解，但由此折射出的青少年心理健康问题值得我们深思。

提到青少年自杀，人们一般会想到外部因素，如青少年与父母产生激烈的争吵，受到老师或者家长的严厉批评甚至当众羞辱，学习成绩考砸了等，但是大量的事实表明，外因只是压垮孩子的“最后一根稻草”，如自尊心受辱、感觉不公平、感到被强权压制等。偶然的应激事件只是导致青少年自杀的促发因素，还有许多更深层次的因素可能导致青少年自杀，包括长期的家庭养育环境欠佳、适应性不良的人格心理特征、精神疾病等。

案例二　抑郁也许并不遥远

小思是个性格内向、乖巧懂事的女孩。从小学到初中，她的学习成绩一直很好。父母对小思抱有极大的期待，对她的要求也很严格。妈妈经常会忍不住在小思面前唠叨："你一定要考上'985'或者'211'大学，给爸妈争口气。你只有出息了，才不会像爸妈这样受窝囊气。"

高二分班时，小思分入班级的班主任是全校教学质量最高、对学生要求最严的老师。第一次月考，小思恰好碰上生理期，导致发挥失常。班主任找她谈话："过去优秀不代表现在优秀！这个班级卧虎藏龙，容不得你懒惰！"老师的误解和指责让心思细腻的小思患上了心病。小思从此上课走神，成绩节节败退，常觉得胸口闷得喘不过气来；一到晚上就总想流泪，失眠现象也越来越严重。发展到后来，小思已经无心学习，干脆破罐子破摔，常躲在宿舍里玩手机，不愿去教室上课，也不愿回家。

看到小思这样，父母急坏了，连忙带孩子去医院检查，结果小思被确诊为中度抑郁症。医生建议小思接受药物治疗结合心理治疗。小思愿意接受治疗，但提出一个条件：不想去学校了，想自己在家里自学。父母无法接受这个现实，感觉没脸见人，无法面对亲戚朋友异样的目光，没有同意。小思竟以死威胁。父母害怕孩子出意外，又担心孩子考不上好学校，左右为难，不知所措。

相信不少家长遇到这样的情况也会像小思父母那样控制不住地着急吧。对一个家庭来说，孩子出现心理问题无异于遭遇一场危机。如何渡过难关，考验的是家长应对处理危机的能力；如何变危机为转机，需要家长的智慧。

高中孩子处于成长的关键期。这一时期的孩子学业压力繁重，自身调节能力有限，因此心理健康问题频发。这种现象越来越引起各级教育部门和学校的高度重视。

《中国国民心理健康发展报告（2019～2020）》中的"2009年和2020年青少年心理健康状况的年际演变"指出，青少年的心理健康状况在十余年间稳中有降。这一状况应该引起家长、学校和社会的重视。2020 年，青少年的抑郁检出率为 24.6%，其中，轻度抑郁的检出率为 17.2%，高出 2009 年 0.4 个百分点；重度抑郁检出率为 7.4%，与 2009 年持平。(见表 4.1)

表 4.1　2020 年与 2009 年青少年抑郁程度检出率

年度	抑郁程度		
	无抑郁	轻度抑郁	重度抑郁
2020	75.4%	17.2%	7.4%
2009	75.8%	16.8%	7.4%

报告还指出，在抑郁倾向方面，女生高于男生，非独生子女高于独生子女。另外，抑郁的风险还会随着年级的升高而升高。

在了解我国青少年的心理健康状况后，小思的父母最终还是改变了看法，尊重孩子的意见。

面对患病休学的小思，小思妈妈做好了陪孩子休学一年和支持孩子复读的准备。在孩子治疗期间，她带孩子读书学习、出门旅行，陪孩子做手工，还和孩子种了很多绿植、养了两只可爱的小猫。

这段时间妈妈对小思的陪伴，让小思深深地感受到自己被接纳、被尊重。小思的情绪越来越稳定，状态也调整得越来越好了。小思请假到第四个月时，有一天小思忽然说："妈妈，我想回学校了。"小思妈妈没有欣喜若狂，而是心平气和地回应女儿："要是你还没有做好准备，咱们还可以在家休养。只要你健健康康的，那就比什么都强。"

面对妈妈的理解，小思坚定地说："妈妈，我想参加高考，我想读大学，我想将来去大城市。"妈妈听了非常感动，和孩子商量后，向学校提出复学。小思原本底子就好，又聪明自律，回到学校三四个月，学习进度就追上来了。看着成绩提升，小思自信心又回来了，抑郁症也慢慢痊愈了，整个人看起来充满斗志。2020 年的高考，这个战胜了抑郁症的孩子，以优异的成绩考上了重点大学。

在谈“抑”色变的今天，小思一家是幸运的，抑郁症改变了孩子，也改变了父母，小思父母对小思的理解、支持让整个家庭回归到健康的状态。

案例三　当悲剧发生在身边

小帆是个活泼开朗的女生。一天，一件事情打破了她平静的校园生活。她最好的朋友小惠患上了重度抑郁症，但小惠家长没有遵医嘱送孩子住院治疗，只是叫孩子自行服药，而学校老师和同学（包括小帆）对此并不知情。某天晚自习后，小惠突然从学校宿舍楼楼顶一跃而下，结束了自己的生命。这件事情对全班同学都产生了极大的影响，小帆更是无法继续正常的学习和生活。出事的第二天，小帆就给妈妈打了电话，说她彻夜未眠，伤心欲绝，不停地流泪，情绪激动到无法控制。她边哭边骂，骂这个同学的父母，也怪老师没有及时发现，在宣泄悲伤和愤怒的同时，她自己也陷入深深的自责中。作为好朋友，她恨自己没能阻止悲剧的发生。在后来的一周里，小帆每天晚上都睡不好，梦里一直出现小惠从楼顶跌落的画面。晚自习结束后回到宿舍，小帆就莫名地想哭，寝食难安，上课也根本听不进，成绩一落千丈。

朝夕相处的同学突然结束生命，这是典型的应激事件（或危机事件）。应激事件包括自然灾害，意外事故（交通事故、火灾、矿难、地震等），暴力事件（战争、恐怖事件，遭遇侵犯、抢劫、斗殴等），重要丧失（失去亲人、自由等）。面对这类事件，孩子往往会出现急性情绪紊乱、认知障碍、躯体不适、行为改变等反应。即使是成人，用以往解决问题的手段也难以应对。当事人和目击者经历应激事件后，很有可能形成不同程度的心理创伤，进而出现了心理危机。

作为家长，如果我们能够学习并掌握一些应对危机事件的方法和策略，就能在关键时刻给予孩子恰当的支持，帮助孩子渡过难关，逐渐恢复正常的生活和学习。

了解孩子

2019年5月，全国妇联、教育部等九部门颁布《全国家庭教育指导大纲（修订）》，明确15～18岁的儿童已经进入青春中后期。高二的孩子通常接近或已满18岁，基本形成了完整的认知体系，抽象逻辑思维日益成熟，但这一阶段孩子的自制力和意志力仍然不够成熟，情绪还不够稳定，情感内隐，容易感到孤独，渴望得到友谊，还可能会进一步萌发对异性的爱慕之情。总体上，我国的普通高中教育仍以学业教育为主，对孩子的生命教育略有不足。从全国的有关调查和研究数据中可以发现，高中是孩子极容易发生极端行为的时期。事实上，在家庭教育中对孩子进行生命教育是我们作为父母需要把好的第一关，要及时了解孩子的心理变化情况并与孩子保持充分的沟通。

为此，我们首先应该了解这一阶段的孩子容易产生哪些极端表现。

1. 急性应激反应

急性应激反应是人突然遭遇创伤后出现的各种反应，在情绪、认知、身体和人际关系等方面均有不同的体现。情绪上的表现包括恐惧、生气、焦虑、抑郁、悲伤、无力、无助、麻木、空虚、丧失快乐的能力，产生罪恶感和羞耻感；认知上的表现包括困惑、犹豫、逃避、自责、无法集中注意力、记忆力下降等；身体上的表现包括疲倦、紧张、胸闷、心悸、恶心、反胃、身体疼痛、失眠、食欲不振等；人际关系上，表现出无法再信任原来信任的人，情绪失控冲动，觉得自己被拒绝、被抛弃，有时还会拒绝社交。

产生应激反应是人们身心适应危机的过程，绝大多数的人在一个月内会恢复正常，不需要进行特别的干预。对于情绪反应大的个体，或者直接的当事人、目击者等中心人物，家长和老师则要及时给予关注和帮助，提供科学的心理辅导，帮助孩子的生活和学习回到正轨。

2. 抑郁症

疾病不可怕，可怕的是无知和歧视。近年来，校园惨案时有发生，包括患抑郁症的孩子自杀的事件。很多原本有着锦绣前程的孩子，被抑郁症扼住了咽喉。

抑郁症常见的表现有心境低落、兴趣减退、思维迟缓、消极颓废、食欲不振等，严重时甚至有可能造成认知功能损害。那么，是什么原因诱发了抑郁症呢？抑郁症主要是外界引发的内心冲突的结果，除了遗传因素，患病、失恋、升学压力、人际关系紧张、亲人突然去世等都会成为抑郁症的诱因。

3. 自杀

（1）情绪性自杀（又称“冲动性自杀”）

很多孩子性格冲动，加上对生命的感知不深，简单地认为失去生命也无所谓，想以此来惩罚家人或身边人，往往因为一时冲动而做出极端行为。高二阶段是孩子情绪变化尤为剧烈的时期，有时与家人、老师和朋友沟通不畅，就很容易发生极端事件。

（2）理智性自杀

这类自杀的当事人一般事先已经做了理性的思考和准备，如了解自杀的时间、地点、方法和可行性等，一心求死。事件发生后，其身边人回忆起来一般可以感觉到当事人的自杀迹象，比如在社交平台上发表相关动态、与身边同学讨论相关话题等。身边的人多留心观察，往往能预防很多悲剧的发生。

首先，我们要明白自杀的主客观原因。主观方面，有些孩子觉得活着太空虚，失去了在意的人或者被在意的感觉，认为活着已经没有意义；有些孩子认为自己的存在是家里的负担；有些孩子自杀是为了要挟或报复他人，或让家人或身边人满足自己提出的条件。客观方面，学业竞争压力大、家庭关系紧张、人际关系处理不当等种种不如意都可能诱发孩子的自杀行为。

而在网络文化日益盛行的今天，一些孩子沉迷在虚拟环境中，对现实生命的感知往往会减弱，甚至感到生命就是简单的“删除”；若恰逢孩子患上心理疾病，或孩子个性偏执，就极有可能促使有自杀想法的孩子付诸行动。

其次，我们要学会觉察自杀的表现和征兆。自杀的征兆往往体现在孩子的日常行为中。例如，食欲突然降低；总是说头痛；对学习和生活失去兴趣，不喜欢去上课而独自待在家里；无故哭泣、失眠；不喜欢与人接触；无故赠送礼物给同学或亲人；等等。

最后，我们要摒弃错误认识，警惕孩子自杀的高风险时间点。自杀的高风险时间点是开学初、放假前、考试前后、毕业季，以及对孩子而言特殊的日子。不少家长对自杀持有错误认知：一是认为谈论自杀的人通常不会自杀，二是认为孩子自杀多是因为学习问题，三是认为自杀是突发性的，无规律可循。其实，谈论自杀的人往往是有这种想法的人，否则不会无缘无故提起。而学习问题只是导致孩子自杀的客观原因之一，本质上还是孩子的主观认识和心理问题，这些问题需要依靠家庭和专业机构来帮助孩子解决。在上文提到的两种主要的自杀类型中，理智性自杀者准备充分，有迹可循；情绪性自杀看似事发突然，但综合分析这类自杀的当事人的性格特质，还是可以发现一些极端行为的先兆的。

实施指南

我们要学会控制自己，关心孩子情绪，向孩子灌输正确的认知，教育孩子心怀宽容、珍爱生命。对罹患抑郁症的孩子，家长不要回避事实，而要主动了解抑郁症相关的知识及应对方法，寻求专业机构和人士的帮助。

1. 避免情绪性自杀事件的发生

避免发生亲子与师生冲突，是避免情绪性自杀最直接有效的方法之一。由于情绪性自杀从产生想法到执行想法的时间非常短，家长不宜疾言厉色或使用挑衅语句，以免引爆双方大声口角或单方大声责骂的情况，更不应诉诸肢体暴力。

对犯错的孩子，应该婉言相劝、理性引导。当孩子无法原谅自己时，家长贴心的主动原谅是给孩子“下台阶”、给孩子认错和成长的机会和勇气的举动。

2. 正确面对患心理疾病的孩子

（1）放下面子，降低期待，保住根本

一旦发现孩子情绪持续低落，出现了一些反常举动，我们就需要及时带孩子就医。如果确诊是心理疾病，家长首先要接受事实，不要觉得孩子矫情，也无须担忧孩子休学会被人指指点点，更不能认为因为生病而影响高考是件丢脸的事，认为孩子毕不了业就白读了这么多年的书，等等。孩子的健康是“根”，面子、成绩、未来和荣光都不过是“枝叶”而已。留得青山在，不怕没柴烧。

（2）接受现实，谨遵医嘱，稳定情绪

家长要把孩子的健康放在首位，接受孩子患病的事实，听从专业医生的建议，以积极的心态配合医生，陪伴孩子治疗。若孩子的情绪状态时好时坏，起伏不定，家长应当尊重孩子的意愿，休学治疗也未尝不是一个可行的方法。同时，家长要学会控制情绪，以情绪稳定的状态出现在孩子的面前。孩子一旦休学，学习进度将会受到一定的影响，落下功课在所难免，家长要从“一定要考上 × × 大学”的执念中解脱出来，不要用过高的期待“绑架”孩子，也不要动不动就大动肝火。家长有稳定的情绪才能营造轻松的家庭氛围，才利于孩子修养身心。

（3）直面挑战，改变自己，带动孩子

孩子是家庭教育的“果”，而非家庭教育的“因”。父母明白了这个道理，就会思考自己能为孩子做什么，改变自己的家庭教育观念，改变自己跟孩子的沟通方式，放下对孩子的过度期待，接纳孩子的不完美、脆弱和平凡，给孩子更宽松的成长环境……只有家庭环境变了，周围的一切才能随之改变。

（4）试着跟孩子这样说话（见表 4.2）

表 4.2 如何回应孩子的倾诉

序号	孩子对你说	你的回应
1	我好郁闷啊	爸爸妈妈一直在你身边，有什么需要记得告诉我们哦，我们一起来想办法
2	我这几天总是失眠	是很难入睡，还是很早就醒了？爸爸妈妈可以为你做些什么吗
3	我每天都没有精神，感觉做什么都没意思	你要是累的话，就先休息一下吧！等你睡醒了，爸爸妈妈陪你散步，做你喜欢吃的菜
4	我总是无缘无故地想哭	你一定很难过吧。我们一起去买几盆绿植，再养几条小金鱼吧？听说照顾植物和动物，会让人心情好起来哦
5	我什么都不想说	没关系，等你想说的时候再告诉爸爸妈妈，我们随时都在
6	我觉得人生没有意义	每个人在某个瞬间大概都会有这样的感受吧。但你知道吗，爸爸妈妈真的很爱你。有时候光是想起你从小到大发生的事，就会忍不住笑起来。你在我们心里特别重要，重要到无法用任何语言来形容。我们永远爱你，爸爸妈妈不能没有你

3. 对应激事件的处理方法

（1）安抚和陪伴孩子

我们可以接孩子回家，暂时离开事件发生的环境；注意认真倾听孩子的心声，尊重孩子意愿。如果没有条件跟孩子当面沟通，或者孩子不想说话也听不进去，我们也可以用书信或短信的方式跟孩子聊天，给孩子安全感，让孩子知道爸爸妈妈随时都在。有时文字表达会更清楚，可以更好地帮助孩子平复心情。为了能更有效地安抚孩子情绪，无论哪种形式的聊天，我们都应注意突出几个要点。

①表达自己难过的心情。认同孩子的感受，告诉孩子父母对这些事件感同身受，孩子会从中感受到父母的爱和肯定，感觉自己被理解，也就找到了安全感。

②表达对孩子的同理心。可以把我们想说的写下来，读给孩子听。情绪有喜怒哀乐，但没有好坏之分，接受孩子的情绪就是接受孩子本人。我们跟孩子表达理解，并引导孩子合理宣泄感情，有利于孩子平复情绪。

③明确事实。家长在聊天的过程中要尽量梳理和还原事实，帮助孩子认识抑郁症的常识。

④指导宣泄。高二的孩子大多数没有恰当处理应激事件的经历，家长可以结合具体事件给孩子一些建议，帮助孩子缓解情绪，学会放下。

（2）与其他家庭成员商量如何帮助孩子处理应激事件

家人给予孩子理解和支持，有助于孩子较快地从应激事件的影响中走出来。我们可以学习一些与心理疾病相关的知识（如抑郁症是什么、如何识别、有哪些治疗措施等），对于哪些话不要说、哪些话不能说，家长要心中有数。我们只有了解了这方面的常识，才能科学地指导和帮助孩子。

（3）指导孩子化解悲伤，给予孩子正向的引导

如何从造成不好影响的事件中吸取教训，避免类似事件再次发生，需要家长与孩子进一步思考。凡事都有两面性，我们要理性分析事情的正反两面，引导孩子学会全面看问题。

（4）接受孩子的情绪，表达对孩子的爱

如果孩子想哭，就让他（她）充分宣泄，适时给孩子倒杯水、递一条热毛巾；如果孩子想睡觉，就给他（她）充分的休息时间。周末可以带孩子一起去打球、散步或者登山，吃一顿美食或者看电影，转移孩子的注意力，让孩子放松身心，引导孩子发现生活的美好。

（5）引导孩子看向未来

比起谈论事情的本身，引导孩子今后怎么做更加重要。在孩子情绪平稳的状态下，我们可以跟孩子一起讨论遇到困难要怎么处理，告诉孩子爸爸妈妈会一直给予他（她）支持；让孩子遇到事情的时候学会倾诉，鼓励孩子在遇到超出自己年纪能力范围的事情时要告诉父母和老师。

（6）和孩子回忆成长的故事，激发孩子对父母的牵挂和感恩

让孩子感受到爱和被爱，能增强他（她）的安全感。

（7）要注意观察孩子一段时间，避免产生创伤后应激障碍（PTSD）

创伤后应激障碍是指突发性、威胁性或灾难性生活事件导致的个体延迟出现和长期持续存在的精神障碍，主要症状有噩梦频发、性格大变、情感解离、肢体和心理麻木、失眠、逃避、易怒、过度警觉、失忆和易受惊吓等。面对情绪失控的孩子，我们绝对不能说以下的话：“哭什么，这点都承受不了？”“又不是你的责任，难过什么？”“再这样下去，你学习还要不要了？”我们要学会和孩子谈感受，问孩子“你感觉怎么样？有什么想法？”如果发现异常，应及时联系学校老师或者向专业的心理工作者求助。

延伸拓展

阅读推荐

> >> 1.《正面管教 A—Z：日常养育难题的 1001 个解决方案》（著者：[美]简·尼尔森、[美]琳·洛特、[美]斯蒂芬·格伦，译者：花莹莹；出版单位：北京联合出版公司）

本书第一部分阐述正面管教的原理，介绍了不惩罚也不娇纵孩子的 27 个养育工具；第二部分讲述日常养育难题的解决方法，给遇到养育难题的父母们实用的解决方法。书中以大量具体实例讲解管教孩子的“黄金法则”，列举了日常养育中常见难题的 1001 个解决方案，按照英文字母 A—Z 的顺序编排，方便读者查找，具有很强的可操作性。

> >> 2.《精力管理：管理精力，而非时间 互联网 + 时代顺势腾飞的关键》（著者：[美]吉姆·洛尔、[美]托尼·施瓦茨，译者：高向文；出版单位：中国青年出版社）

本书论证了“生活中有些事无法控制，但大部分给我们带来烦恼的事情是可以改变的”“每一天的时间量不变，但我们可用的精力的储备和质量却可以改变”等观点。管理好精力就会管理好情绪。形成积极的习惯后，我们的精力会得到恢复和重生，为迎接下一次挑战准备好信心与实力。

》》 3.《过好一个你说了不算的人生》（著者：张沛超；出版单位：花城出版社）

作为国内精神分析学派的代表人物，作者汇集自身多年临床经验，将理论与典型临床案例融于一体写就本书。本书系统地剖析了心理问题的症结，是一本具有积极意义和实用价值的心理学读本。

评估改进

一、自我评估

测测你的家庭教育方法是否得宜。

（1）你如何倾听孩子的心声？（　　）

A. 敷衍了事

B. 听一点

C. 积极倾听

（2）你如何帮助孩子反思事情？（　　）

A. 没有想过

B. 说道理让孩子自己想

C. 引导孩子从描述事实中发现其内心的想法

（3）你知道孩子在情绪不好时喜欢做什么吗？（　　）

A. 不知道

B. 知道一点

C. 很清楚，并且能在合适的时候帮助孩子

（4）你清楚孩子暴躁的原因是什么吗？（　　）

A. 不知道

B. 知道一点

C. 很清楚，而且能帮助孩子尽快平复心情

（5）你帮助过孩子尽快从沮丧、消极的心理状态中走出来吗？（　　）

A. 没做过什么

B. 满足过孩子的一些要求

C. 认真准备了方案，帮助孩子一起解决

（6）你有过在孩子面前展示克服困难的能力，并与孩子分享克服困难后的喜悦的经历吗？（　　）

A. 没有明显的表现

B. 偶尔提及

C. 开心地和孩子分享克服困难后的喜悦

（7）你和孩子开展过关于人的生命意义方面的讨论吗？（　　）

A. 没有

B. 无意中提过

C. 认真准备了内容并与孩子一起深入讨论

（8）你和孩子探讨过关于抑郁症的表现和形成原因吗？（　　）

A. 没有

B. 偶尔说一两句

C. 认真准备了较全面的内容并和孩子一起深入讨论

（9）你和孩子讨论过关于青少年极端事件的话题吗？（　　）

A. 没有

B. 提过几次

C. 认真学习并准备了相关内容，在合适的时间和孩子一起交流过

（10）你和孩子经常一起散步、旅游，感受生命的美好吗？（　　）

A. 没有

B. 偶尔一次

C. 孩子常常和我在一起交流生活感受

【评估参考】

选择A、B、C，依次得1分、2分、3分。

总分26～30分：你有正确的育儿观念与适宜的教育方法，能很好地倾听和接纳孩子，亲子关系良好。

总分15～25分：你在家庭教育方面存在一些问题，但通过学习能很快纠正，有潜力也有能力成为更优秀的家长。

总分15分以下：你需要坚持长时间的学习与自我改变，建议先完成本专题的学习目标，加强反思，让陪伴更有效，更好地履行助力孩子成长成才之责。

二、改进计划

表4.3 改进计划表

序号	我的收获	我的行动改进
例	我学习了艾利斯的情绪ABC理论，知道个人对事件的理解、评价和选择才是情绪表现的原因。	当孩子有情绪时，我不能被他（她）的情绪左右。我应该做到： 1. 学会共情，感同身受地倾听孩子的苦恼。 2. 不带评论地复述孩子所说的事情，让孩子感受到我的回应和认同。 3. 根据情况引导孩子想出解决问题的办法。也许有时不需要我的引导，孩子在向我倾诉的过程中，自己就能够缓和情绪，自然地想出解决问题的办法。

续表

序号	我的收获	我的行动改进
1		
2		
3		

第五专题 如何教孩子处理好人际关系

处理人际关系是一门很深的学问。有的孩子经过一年的高中生活，依然没有自己可信任的朋友；有的孩子因交往时与朋友有了嫌隙而烦恼不断；还有的孩子因自身条件不佳，受到周围同学的排挤和嘲讽……但即使有那么多的不如意，孩子也往往不愿与家长诉说。有时，我们想和孩子聊聊天，孩子却觉得没什么可聊的；我们苦口婆心，孩子的想法却一直与我们相左。当孩子在学校与同学相处不融洽，我们该如何引导孩子正视问题、修复友谊？什么样的沟通方式才更容易让孩子打开心扉呢？

专题目标

1. 及时发现孩子在人际交往过程中出现的问题，分析原因并找到解决办法。

2. 运用非语言沟通、倾听、恰当的情绪表达等方式，与孩子进行有效沟通。

3. 运用自我袒露的方式，增进亲子之间的理解与信任。

相处也会有困难——高二孩子常见的人际交往问题

案例分析

案例一 渐行渐远的同桌

小芸和小倩是同桌，由于小芸的成绩比小倩好，小倩经常向小芸借笔记、请教问题。上高二后，小倩的学习状态越来越好，常得到老师的表扬，上学期期末考试的成绩还超过了小芸；而小芸的成绩非但没有进步，甚至还有退步的迹象。小芸的心里很不是滋味，她对小倩的进步既感到有压力，又非常忌妒，她越来越没法专下心来学习。有时她看到小倩学习，会觉得小倩的进步一定是因为自己之前对她的影响，觉得她在模仿自己，对此非常生气；有时想专心学习，但眼里都是小倩努力学习的身影，自己就变得烦躁不安。放学后，她尽量避开小倩，只有在看不到小倩的地方，她才能安心学习。某一天晚自习后，小芸在学校的一间自习室里自习时发现了小倩，她的心情立刻变得很糟糕，心想："怎么我到哪儿你就到哪儿呢？这是我先发现的自习室，为什么你也到这里来呢？"过后，小芸也知道这样的想法不对，但小倩的存在如同芒刺在背，左右着她的心情，两人也因此越来越疏远。

忌妒是一种因他人在某方面胜过自己而产生忧虑、愤怒和怨恨的复合情绪，它的产生与个体认为对方的优势会使自己受到损害、使自尊受到威胁有关。研究发现，忌妒心理的产生可能与家长经常在孩子面前夸奖他人，或者家长本身也常有忌妒他人的表现有关[1]。

---

① 吴增强：《青少年心理辅导——助人成长的艺术》，华东师范大学出版社，2013，第 161 页。

当孩子因忌妒而影响人际交往时，父母过分地抑制和否定只会对孩子的人格造成更严重的影响。忌妒他人的孩子通常觉得没有人喜欢他们、没有人会爱他们。如果父母多表露出对孩子的喜爱、多肯定孩子的优点，让孩子感受到自己被父母以及周围人喜爱，更容易养成孩子豁达的人生态度和科学的人生观、世界观。我们应该让孩子认识到，在人生这个大舞台上，每个人都有适合自己的角色，社会的发展需要多种多样的人才，人与人之间不必做简单的比较，帮助孩子减轻对同伴的忌妒心理。

美国精神病医生托马斯·A.哈里斯在《我好，你好：了解自我、改变人生的人际沟通分析（TA）》中提到，人有三种基本的生命形态：退缩被动的人通常认为“你好，我不好”，攻击性强的人通常认为“我好，你不好”，较受欢迎的人通常认为“我好，你也好”。我们在引导孩子接纳自我的同时，也要教会孩子接纳身边人，学会合作共赢，这样才有利于孩子的发展。

案例二　当现实与理想有出入

颖儿在给心理辅导室老师的一封信中写道：“我从偏远地方的普通初中来到了这所示范性高中。在初中毕业的那个漫长的暑假里，我沉醉于成功的喜悦，憧憬着高中学习生活的愉快景象。然而来到这里后，我才发现周围高手如云，自己总有一种抬不起头来的感觉。于是，我在整个高一不敢有半点松懈，埋头苦学，希望不要被人瞧不起。但转眼已经高二了，我的成绩仍没有进步。看到周围的同学成绩好，又交到了好朋友，自己却形单影只，我心里很难受。好怀念初中，那时候的我不会因为成绩差就担心自己不被人喜欢，还结交了很多朋友……我该怎么办呢？”

自卑是一种消极情绪体验，具体表现为过低地评价自己的能力与品质，担心得不到他人的尊重等。家长过于严厉的教育方式容易使孩子变得敏感自卑；一元化的评价体系会增加孩子的心理压力，容易导致孩子产生自卑心理；不合理的归因方式可能使孩子在遭遇失败与挫折时降低自我效能感和自信心。

当孩子因为自卑而影响人际交往时，我们要多给予孩子积极的鼓励，帮助孩子接纳自我；调整期望水平，不要对孩子提出过高的要求，帮助孩子设定适合自己的目标；激发孩子多参加喜欢和擅长的活动的热情，在帮助孩子发展优势、获得成功体验的同时还能收获友谊，增强孩子人际交往的信心。

我们还可以指导孩子从与其“相似”的同学开始结交朋友，因为在兴趣、能力、态度、观念等方面相似的人更容易相互吸引。也可以从邻近的同学开始结交朋友，由于距离近，孩子们在学习和生活上可以相互帮助和照顾。邻近的人相对比较熟悉彼此，更容易避开令对方不愉快的话题。

案例三　被嘲弄的总是我

小杨与小伟的座位很近，但他们的关系很僵。小伟个性张扬，平常的言行举止不太顾及别人的感受，经常开小杨的玩笑。一次，他说小杨长得白，声音比较细，不像男子汉，小杨对此敢怒不敢言。还有一次，历史课上要表演历史剧，老师问谁能饰演太监这个角色，小伟当众推荐了小杨，引起全班哄笑，这让小杨既气愤又难堪。但对于小伟的这些举动，小杨从来没有明确表示过不满和反抗，总是用沉默的方式来消化。久而久之，小杨越来越封闭自己，觉得周围的人对他都很不友好，因此变得郁闷低落，无法专心学习，也越来越讨厌去上学了。

小杨的困扰与他不明朗的拒绝方式有关，他愤怒却又退缩的行为反而刺激小伟变本加厉地对自己“开玩笑”。如果小杨能巧妙而坚定地表达“不”，用说事实、谈感受、提请求、“就事论事”的方式沟通，就有可能化解冲突，这样既能减轻自己内心的焦虑，又能增强与他人交往的信心。

生活中，孩子与同伴发生人际冲突在所难免，可能是因为误解所致，可能是个性使然，也有可能是因为没有控制好情绪。孩子在遇到人际冲突时，往往会担心、紧张和害怕，从而出现行为退缩、过分压抑自我、胆怯和焦虑等现象。我们应该主动了解事情的来龙去脉，与孩子一同分析症结所在，引导孩子有效地沟通和解决问题。

案例四 好朋友被"夺走了"

刚上高一时，小思与同班的小婧关系较好。高二时，小艳来到她们班，逐渐与小婧变得亲密，这让小思很不愉快。起初，她们仨经常结伴去教室和食堂。由于小思比较内向，话也不多，而小婧与小艳常有说有笑，小思就渐渐感觉受到冷落。有几次在聊天时，小思刚说到一半就被小艳打断。慢慢地，她开始对小艳心生不满，有小艳在的地方她就不想出现了。一次学校组织活动，原本小思与小婧分在一组，但小艳硬插进来，这让小思很不高兴。小思说了几句"小艳不遵守学校安排"之类的话后，与小艳彻底闹翻。从此小艳对她横眉竖眼，还在各种场合说了许多小思的坏话。过了一段时间，小思感到连小婧也不像以前那样对自己好了，班上其他女生也听信了小艳的话，渐渐与自己疏远了。

高中的孩子自我意识较强，注重自己在同伴心目中的形象，遇到问题容易过度联想。如果孩子生性较为敏感、内向，更容易放大问题的负面影响，将与个别同学发生的人际冲突扩大到周围所有人，从而出现人际交往困难。

这时，我们应该帮助孩子将问题具体化，消除"周围人都对自己不友好"的想法。敏感多疑常常伴随消极的自我暗示，把他人的不接纳和对自己的否定投射到周围的人际环境中。比如，不自信的孩子更容易猜忌，自卑的孩子总是认为别人不喜欢和瞧不起自己，等等。作为孩子最亲密的人，我们应该努力成为孩子最了解、最信任的朋友，多发现孩子的长处、培养孩子的自信。这样一来，孩子在遇到人际交往方面的困难时，才会更容易向朋友敞开心扉，开诚布公地解决问题。

了解孩子

与人和谐相处是一种生活智慧。美国著名人际关系学大师卡耐基说过，一个人的成功，只有15%归结于他的专业知识，而85%则要靠其人际关系和为人处世的能力。青少年在走向社会的过程中，学会与人相处是重要的发展任务。良好的人际交往能让孩子体会到归属感、自尊感、自我效能感与存在感，学会爱、关心、宽容与理解。人际关系压力是仅次于学习压力的第二大压力源，从心理健康的角度看，青少年的焦虑和抑郁往往源于人际关系紧张①。

随着自主意识和独立性的不断提高，孩子情感交流的主要对象逐渐从父母转向同龄伙伴。青少年时期是同伴交往需要快速发展的时期，而这种需要在高中阶段达到高峰②。与初中的孩子相比，高中的孩子更矜持、自我意识更强，但又非常敏感，更看重自己在集体中的地位和形象。他们的心理闭锁性强，不再像初中阶段那样常常向他人袒露内心；他们希望拥有自己的“隐秘世界”，有时还会有外在表现与内在体验存在矛盾的一面。我们应该把孩子当作独立而成熟的个体看待，理解和尊重孩子的内心感受，保持平等温和的态度与孩子沟通，避免因否定和指责而增加孩子的对立情绪。

实施指南

在孩子为人际交往问题所困扰时，我们要真诚地与孩子开展平等的

① 吴增强：《青少年心理辅导——助人成长的艺术》，华东师范大学出版社，2013，第157页。

② 同上书，第159页。

对话。我们要在生活中为孩子树立榜样，让孩子从家长的言行中感受到包容、信任和诚恳等态度并将之投射到自己的生活中。

1. 换位思考，理解孩子遇到的人际交往问题

当孩子向我们诉说因人际交往而产生的困扰时，我们可能会因过度地感同身受而和孩子一样生气、担忧、难过，有时候还会因这些情绪还甚于孩子而指责、辱骂对孩子造成“伤害”的对象。其实，这些护犊子的行为对孩子来说有时也是一种伤害，因为家长过度的情绪反应不但起不到分担孩子痛苦的作用，反而还会加重孩子的负面情绪，让孩子更深陷其中。在评价孩子的朋友时，家长过激的言语会增加孩子对周围环境的消极认识，将问题推卸到别人身上，不利于孩子的心智成长。

我们可以用共情来表达对孩子处境的回应，并引导孩子如何正确地处理这件事，比如“当你听到她对别人这样说你时，你很生气 / 不解 / 难受……你一定想知道这究竟是为什么”，“你觉得学不进去，想试着改变，但又不知道怎么做”，等等。回应时，我们要注意表达要客观准确，言辞不要过于犀利。适当的回应既能够让孩子感受到我们的理解，也能激发孩子对问题的思考，帮助孩子理清思路，树立解决问题的信心。

2. 鼓励孩子勇于面对困难

当孩子受到委屈回到家里，如果我们只表达同情会让孩子更加顾影自怜，强化孩子的退缩行为。孩子此时更需要的是家长对他的鼓励和对他能力的信任，帮助他增强战胜困难的勇气和决心。

发现孩子身上的闪光点并给予鼓励，是促进孩子向积极方向发展的重要途径。孩子之所以逃避困难，往往是因为缺乏自信心，而鼓励和肯定就是帮助孩子提升自信心的重要方法。当我们看到孩子的努力和进步时，可以鼓励孩子，如“我看到了你的努力”“你很关心身边的人”“看到你做了这些事情，爸爸妈妈很感动 / 开心 / 欣慰”“感谢你为家里做了这些事情”等；还可以肯定孩子的想法和做法，如“你很有自己的想法”“你的话引起了我的思考”“你这么做很有勇气”等；还可以通过一些肢体动作也能对孩子表达鼓励与肯定，比如拍拍孩子的肩膀、给孩子一个拥抱等。

另外，鼓励孩子发挥所长来达成计划内的小目标等，也是增强孩子自信心的有效方法。

3. 用建议的口吻与孩子探讨解决问题的策略方法

孩子遇到人际交往问题时，有的家长比较心急，会直接指出孩子处理事情的欠妥之处，或者批评孩子性格上的缺陷，如“你这个人就是太敏感、太内向了，这样怎么会有朋友愿意跟你交往呢”等。这样的语言会给孩子贴上负面的标签，结果只会更糟。

我们不妨采取迂回之策，与孩子一起分析问题，探讨解决问题的方法，在尊重孩子选择的同时，引导孩子积极反思。我们可以运用征求意见和提出建议的口吻与孩子商量，如“如果你是她，你会怎么想”，“下次如果他还说这样的话，你觉得如何回应他更好”，“如果今天上午放学你提出跟她一起去食堂，她会愿意吗”“不妨放宽心，试着和她结成‘联盟’，互相‘补漏’，达到双赢”，等等。

人际交往有策略——训练积极的沟通模式

案例分析

案例一 宿舍的小矛盾

刚上高二的小红没有适应新班级的环境。由于和新同学不太熟悉、交往不深，小红还是经常与高一时的好朋友来往。一次，在学校组织的观影活动中，由于好朋友在另一个宿舍，小红就没有按照班主任的要求与自己的舍友一起观影，而是跟好朋友在一块儿，为此小红与自己宿舍的舍长发生了矛盾。虽然事后小红也向舍长表达了歉意，但她感到经过这件事后舍长就开始对自己不冷不热。小红心里很难受，越来越不想回宿舍，与宿舍同学也渐行渐远。

高中生的自我意识增强，内心敏感又脆弱，遇到人际冲突后，会本能地想逃避。小红平时跟宿舍同学交往较少，出现问题后虽然致歉，但并没有继续用心弥补和发展自己与舍友的关系，而是采取怀疑和回避的态度，结果使情况越来越糟。

在咨询老师的意见后，小红意识到要多跟舍友交往，主动参与宿舍活动。她向舍友表达了真诚友好的关心，最终与大家相处得越来越融洽。

案例二　缺乏人气的班长

上了高二，小张通过竞选后担任班长。最近学校开展运动会，他动员同学们报名参赛，但大家的积极性并不高。他很生气，在班上公开发表关于大家不关心班级的不满言论。结果大家非但不买账，还在背后说他的不是，这让他很难受。

情绪的表达往往会直接影响孩子的人际关系。高中孩子的情绪外显性和内隐性并存，表现强烈，有时还容易走极端。研究发现，懂得如何表达情绪的人要比不知如何表达的人具有更健康的心理，有效地表达情绪能增进人际关系[①]。

小张在被同学给予“差评”后及时地反思了自己的做法，意识到自己当时的态度和措辞的确比较激烈，一味地指责大家，导致事情并没有像他希望的那样发展。后来他分析了自己情绪产生的原因，学会有意识地控制情绪，并在班上分享他的感受，遇到事情多站在“我们”的角度思考，重新获得了同学们的认可和支持。

---

① 罗纳德·B. 阿德勒、拉塞尔·F. 普罗科特：《沟通的艺术：看入人里，看出人外（插图修订第 14 版）》，黄素菲、李恩译，北京联合出版公司，2018，第 163 页。

了解孩子

孩子在遇到人际冲突时，如果问题长期得不到解决，就有可能出现情绪压抑。有的孩子将问题归因于外界，怨天尤人，甚至充满敌意；有的孩子总认为是自己不好，变得敏感自卑，越来越封闭自我；有的孩子更看重分数和学业，忽视了自己对人际交往的需求，甚至回避与人交往；还有的孩子在生活中缺乏人际交往的机会，导致性格变得孤僻。

研究表明，中学阶段的孩子容易与同伴发生矛盾，人际交往技能的差异导致了中学生受欢迎程度的不同[①]。聪慧性、语言表达能力、对人和事物的洞察力、参与集体活动的能力、情感性，以及对情绪的控制力，对高中生人际关系的影响十分显著[②]。因此，帮助孩子掌握人际交往策略、提高人际交往能力，是教育孩子处理好人际关系的关键。

实施指南

1. 指导孩子学会非语言沟通

在语言表达时，语音、语速、音高、音量，甚至停顿，都会影响沟通效果。在日常沟通中，谈吐清晰、音量适中的表达是自信的表现。高中的孩子思维敏捷，情绪激动时容易语速过快、音量过大，这时就可能会影响沟通的效果，我们需要提醒孩子注意这一点。

除了语言表达，非语言沟通也是人际沟通中的重要技巧。一些社会

① 边玉芳：《读懂孩子——心理学家实用教子宝典（12—18岁）》，北京师范大学出版社，2014，第112-114页。

② 杨建艳、姜琨：《高中生人际关系及其影响因素的调查研究》，《教学与管理》2004年第36期第28-29页。

科学家认为，在人际沟通时，一则信息对人所造成的情绪影响中有将近65%来自非语言沟通。人们可以通过真诚的微笑、轻松的姿势、整洁的服饰等方式来塑造良好的形象，还可以通过靠近就座、肢体接触、目光追随等表现出对对方的好感。

双方沟通的距离是否合适，会对人们如何回应他人产生很大的影响。一般认为，0.46米左右为亲密距离，通常只有与非常亲密的人交往才会处于这个空间范围；0.46～1.22米为个人距离，这是“一个臂膀的长度”，朋友间的交往通常保持在这个距离；1.22～3.66米为社交距离，这个距离适合正式场合中的沟通；3.66米以上为公共距离，如果有人在可以选择的情况下仍然自愿选择保持公共距离，就表示其不想与对方有任何对话[①]。人们想化解与他人的矛盾时，一般会主动拉近距离，创造与人交流的机会。

身体动作、面部表情和眼神交流也是家长应提醒孩子在沟通中需要注意的方面。在行为自然适度、大方得体的基础上，富有个性、美感和变化的交流方式会更受欢迎。在与人沟通时，面对对方往往可以表现出你对对方的好感，而背对对方则表示你对对方的回避；迎接对方的目光通常是愿意交流的信号，而转移目光则经常是避免接触的表现。

2. 引导孩子学会倾听

“听”往往比“说”更重要。在人际沟通中，人们大约有11%的时间花在书写上，16%的时间花在说话上，17%的时间花在阅读上，超过55%的时间花在倾听上。

倾听的过程包含五个要素：听到、专注、理解、回应和记忆。“听”和“说”一样，都需要技巧，专注和恰当地回应对方是家长需要提醒孩子特别注意的。

倾听时，专注的眼神、饶有兴趣的表情和恰当的提问既能让对方感到你对交谈的专注，也能使你对事情或对方的想法有更为清晰的了解。我们可以通过指导孩子学会开放性的提问，如“这件事后来怎样了”“你当时是怎么想的呢”“发生了什么事情让你这么不开心”等，引

---

① 罗纳德·B.阿德勒、拉塞尔·F.普罗科特：《沟通的艺术：看入人里，看出人外（插图修订第14版）》，黄素菲、李恩译，北京联合出版公司，2018，第259页。

导对方讲述更多信息。

支持性的回应，会让对方感到自己被理解。我们应该注意提醒孩子如果想对对方表达感同身受，可以说“听到这事，我也觉得很高兴”“你当时一定感到很难过吧，你现在好点了吗”“看得出来你还在为这件事生气”等。

3. 教会孩子积极的情绪表达方式

学会对自己的情绪负责，是情绪表达的第一步。心理学研究认为，许多消极情绪产生的直接原因是非理性想法，而非外界的人和事。可见，学会觉察自己的情绪状态，发现自己的非理性想法并及时纠正，是提高情绪表达能力的重要方法。

扩充情绪表达词汇量，学会准确分享感觉，是情绪表达的第二步。很多孩子在表达自己的情绪感受时词语匮乏，用的词语大多是“好”“不好”“烦”“伤心”等。我们也可以试试自己能写出多少描述情绪的词语。即使是同一个人，在相似情境下产生的感受也不一定是唯一的，丰富的情绪词语往往能更准确地表达当下的心情。在案例二中，小张在表达自己生气的情绪时就忽略了他对班级的担忧，导致他在后续开展工作时感到的尴尬和失望，也没能给同学们了解他感受的机会。

注意情绪表达时的措辞，是情绪表达的第三步。不同的表达方式给对方的感受是不一样的。我们可以对比一下这两种表达的差异（见表 5.1）。

表 5.1　家长对孩子行为的不同表达方式

序号	表达方式 1	表达方式 2
1	你怎么老是在玩手机	你最近看手机的时间有点长，这样对你的眼睛可能不太好哦
2	你的数学怎么考得这么差	这次数学只考了 79 分，我们一起来分析一下原因吧
3	看看你房间都乱成什么样了，在家就不能收拾一下吗	整洁的环境呢能让人心情愉快，你有空的时候是不是可以整理一下房间，这样对你在紧张的学习中放松心情也有帮助

对孩子评头论足，容易激起孩子的防卫心理。使用这样的表达，哪怕再有道理，也有可能会引起孩子的抗拒；而真诚地说出自己的感受，对孩子的行为不妄下定论，孩子才更愿意接受。

我们还可以使用以“我们”为主语的陈述，建立友好的亲子沟通氛围。研究发现，使用“我”和“我们”的结合（如“我想我们……”或“我希望我们……”）具有更好的表达效果。

家庭教养有讲究——探索亲子关系和谐的策略

案例分析

案例一 “专制型”家庭教养方式

丽丽身材高挑，面容姣好，成绩优异，在人际交往中却表现得极其敏感，过于在意别人对自己的评价，特别希望得到赞美。每次与朋友交流后，丽丽都会反复思考自己的表达是否有错误，朋友有没有关心她、有没有在乎她的感受，这让她感到特别心累。在丽丽还小的时候，丽丽的父母就对丽丽提出了很高的要求，很少流露出对孩子的喜爱与肯定，这让丽丽常常感到父母对她更多的是履行抚养责任而非真正爱她，丽丽因此形成了对自己近乎苛刻的完美主义倾向。所以，虽然丽丽才华出众，但常常只看到自己的缺点，缺乏自信心。

丽丽的父母不但极少表现出对丽丽的欣赏与肯定、理解与支持，反而经常对她提出过高的要求，以至于丽丽感受不到来自父母的关爱和接纳。家长的“低接纳温暖”（情感维度）和“高要求控制”（要求维度）造成了亲子关系的疏离和隔阂。长此以往，孩子就会感到父母的“爱”是有条件的，从而缺乏安全感。这类孩子在学校可能会有较好的表现，但其内心敏感，容易焦虑，自尊水平较低。

热爱和尊重孩子，首先要放下对孩子的评价和要求。父母爱孩子，并不一定是要求孩子比别人更优秀，而是应该把孩子看作独立的个体，认真对待孩子的想法和感受，接纳孩子的不成熟甚至犯错，把对孩子的关注内化为孩子成长的力量，让孩子接纳自己、喜爱自己，培养孩子的自信心。

案例二 “忽视型”家庭教养方式

小军上了高二后开始沉迷于手机，学习成绩不断下滑。眼看准备上高三了，他在班主任的建议下走进了心理咨询室。心理辅导老师在与小军的交流中得知，从小军幼时起，小军的父母就一直忙于工作，很少管教小军。小军从初中开始就拥有了自己的手机，父母也不加管束，还说“以后你终归是要自己管理自己的，现在就开始适应吧”。小军经常通宵达旦地玩手机，对此，小军的父母也不以为意。

孩子的健康成长不仅需要物质保障，更需要家长精神上的支持。小军的父母对孩子漠不关心、放任自流，既不关心孩子的想法，也不对孩子提出要求，这种教养方式是“低接纳温暖”（情感维度）和“低要求控制”（要求维度）的表现，容易导致孩子的适应能力和自我控制力水平偏低，出现缺乏目标、不遵守纪律、学业困难等问题。

案例三 “溺爱型”家庭教养方式

小妍跟舍友的相处一直都不融洽，她总觉得大家在疏远和排挤她，比如有吃的不与她分享，劳动也不愿意和她在一组，等等。心理老师在和小妍的沟通中发现，小妍说话做事通常只考虑自己的感受，且生活自理能力弱。这跟小妍从小家境优越，以及父母和保姆对孩子大小事务的包办密不可分。

小妍的父母与案例一中丽丽的父母正好相反，满足孩子所有的要求，却不对孩子提出要求，没有对孩子制定适当的规矩，缺失了对孩子良好性格与习惯的培养。父母的“高接纳温暖”（情感维度）和“低要求控制”（要求维度）表现为对孩子的溺爱。这种类型的家长往往极力满足孩子的要求，对孩子行为的约束却极少，导致孩子在生活中容易因以自我为中心、缺乏独立性和责任感而感到适应困难。

了解孩子

高二阶段的孩子逐渐从依赖父母走向独立，但父母对孩子的影响仍然很大。温暖的家庭氛围、良好的亲子关系、家人的关爱与支持等会对孩子心理韧性的发展起促进作用。

要提高孩子的耐挫能力，培养孩子自尊、自强、自信的人格，首先要让孩子感受到来自家长的认同，进而悦纳自我。有的家长认为，孩子一遇到问题就气馁、退缩，是因为孩子受的挫折少、对自己的要求低，于是不断地用言语打击孩子，一味对孩子提出更高的目标和要求，却极少对孩子的努力给予认可与赞赏，殊不知这样做只会加剧孩子的自卑心理与自我否定。

高中孩子有独立的自我意识和自尊心，希望得到长辈的尊重和平等的对待。“专制型”或“溺爱型”的家庭气氛都容易让孩子产生逆反心理，影响亲子沟通的效果。

实施指南

世界知名心理治疗师和家庭治疗师维吉尼亚·萨提亚曾说过：“我想爱你，而非控制你；欣赏你，而非评判你；与你结盟，而不侵占你；邀请你，而不苛求你；离开你，而不带着愧疚；批评你，而不责备你；帮助你，而不羞辱你。”了解正确对待孩子的态度与方法，我们才能更好地与孩子相处。

1. 建立理想的教养方式

美国心理学家戴安娜·鲍姆林德认为，父母教养方式分为两个维度：一是父母对待孩子的情感态度，即“接纳–拒绝”维度；二是父母对孩子的要求程度，即“控制–容许”维度。“高接纳温暖”和“高要求控制”是最理想的教养方式，在这种教养方式下，父母以积极、肯定、耐心的态度对待孩子，同时为孩子制订较高的标准，和孩子一同努力实现。父母经常与孩子沟通，双方之间才会有深刻的相互理解与信任；父母言传身教，对孩子提出较高要求的同时，也成为孩子心目中的榜样；父母对孩子的需要做出及时的反应，尊重并鼓励孩子表达自己的意见和观点，能使孩子乐于与父母交流，并对生活充满热情、对自己充满信心。

2. 采用真诚的对话方式

我们向孩子真诚地表达自己的所想所感，更能加深与孩子之间的信任，也能为孩子树立良好的榜样，使孩子合理表达喜怒哀乐，适当宣泄情感。当发现孩子存在的问题时，我们应尽量不加评价地描述客观事实，这样的真诚表达更容易让孩子接受；若带着责备、说教或警告进行评价，虽然也是真实的“我”的感受，但容易让孩子产生抵触心理而拒绝沟通。

真诚的对话方式，要求我们在与孩子交流的过程中放下内心预设的家长角色，坦然地以真实的“我”表达想法。有的父母为了在孩子面前扮演“权威”的形象，总是板着脸对待孩子，却制造出一种距离感，使孩子不愿交流；有的父母虽然意识到自己在教育方面存在问题，却放不下面子，不愿在孩子面前承认错误，孩子也就会对父母产生不满。

需要注意的是，真诚绝不等于发泄，对负面情绪的表达尤其要注意尺度。比如，夫妻之间发生了矛盾而在孩子面前发泄负面情绪，数落对对方的不满，这样做更容易对孩子造成伤害。

3. 运用自我袒露的方式

不少家长认为，孩子是未成年人，幼稚而单纯，没必要向孩子袒露自己的真实生活和内心世界。其实不然，自我袒露对维持关系是可以起到积极作用的。我们可以有意向孩子透露自己生活和工作的情况，这些信息通常对孩子有吸引力和影响力。这种对话方式能够促进亲子沟通，提升孩子对家长的理解，增进彼此的感情。

那么，我们对孩子袒露什么信息更能增进双方的认识与理解呢？对于这个问题不能一概而论。社会心理学家认为，在最亲密的关系中，自我袒露的内容不仅要有广度，也要有深度。我们可以尝试从以下几个方面来思考。

（1）袒露自己的童年经历，促进孩子对父母人格的认识与理解

奥地利著名心理学家、精神分析学派创始人弗洛伊德特别关注个体的童年经历对其人格发展的影响。他认为，如果人们儿时形成了一种固定模式，在成年时就会希望重建和还原那个场景，以完成早期心理创伤的修复。瑞士心理学家卡尔·荣格也认为，一个人终其一生的努力就是在整合他自童年时代起就已形成的性格。

高二的孩子喜欢思考自己的性格、能力、兴趣和价值观等方面，同时也会尝试分析身边最亲密的人的人格特征。家长向孩子袒露自己的童年经历，一方面可以让孩子感受到时代的变化和发展，另一方面也可以跟孩子一起探讨和分析一个人的童年经历对其人格品质的影响。

需要注意的是，自我袒露只是对自我经历的描述，不要变成对孩子的要求或指责。有的父母在提到自己的经历时，喜欢用对比的态度对孩子说教，如“你知道你们现在有多幸福吗，还不懂得好好珍惜、努力学习？”孩子一般是比较厌烦这样的语言的。多向孩子描绘积极向上、幸

福愉快的经历，我们油然而生的幸福感也会感染孩子；在讲述负面事件时，则要注意态度和措辞，应事先考虑这件事对孩子是否有教育意义。另外，我们在讲述自己的童年经历时，最好能具体描绘其中的细节，真诚地分享自己当时的所思所感，切忌泛泛而谈。

（2）袒露自己的职业角色，提升孩子对父母的认同感

高二的孩子较少接触社会，对自己今后的职业规划往往会以身边成年人的职业经历为参考。父母可以通过对自己从事职业的行业现状、入职要求、工作环境、工作性质、工资报酬、职务职权等方面的客观描述，让孩子了解父母所从事职业的特点，理解父母的社会责任，并思考自己未来的发展方向。

父母与孩子分享在工作中获得的成就，家庭氛围将更和谐；父母讲述在平凡的岗位中自己的坚持和坚守，孩子会更加理解和尊重父母；父母就工作中具体的困惑或难题跟孩子交流，孩子也会感同身受，理解父母的艰辛。如果父母只是一味地向孩子埋怨工作压力，言语中流露出对社会的不满，教育效果则会适得其反。

（3）袒露自己的社会关系，拉近亲子的心理距离

我们向孩子表达我们对身边人的情感和态度，讲述自己处理各种复杂关系时的方法，这样既可以加深孩子对我们的认识，也可以教育孩子恰当处理人际关系。

诚实、守信、宽容、孝顺……这些优秀的人格品质很难通过说教来培养，父母以身作则、身体力行才是最有效的教育方式。通过观察父母的言谈举止，孩子可以了解父母的处世哲学，从中得到深刻的启发。

（4）袒露自我发展方向，培养亲子共同成长的信心与信念

比尔·盖茨说过，21世纪，人们比的不是学习成绩，而是学习速度。“学习型”家长将带领孩子不断学习，提升自我。我们可以向孩子袒露自己的人生目标，以及对如何实现这一目标的思考。我们不仅要成为好家长，也要成为我们最喜欢的自己。在对孩子提出要求的同时，我们也应该要努力构建“成长型”的思维模式，向外观世界，向内看自己，在家庭、事业、社会关系、个人成长等方面不断发展，与孩子共同进步。

4. 开展促进亲子交流的活动

丰富多彩的活动是加深亲子交流和情感的重要载体。高二的孩子学习紧张，可自由支配的时间少，我们要更加珍惜孩子在家与我们相处的时间，提前规划有益于孩子的活动，比如开展节日家庭聚餐、家庭成员每人亲自下厨做一道菜并与大家分享；带孩子到自己工作的地方见习或参观交流；在特殊的日子（如孩子的生日），给孩子写一封信表达感谢和鼓励；给孩子看自己中学或大学时期的照片，和孩子讲讲那时发生的趣事；和孩子一起制订阅读计划，交流读书心得；在周末或假期与孩子远足；等等。

延伸拓展

阅读推荐

1.《沟通的艺术：看入人里，看出人外》（著者：[美] 罗纳德 · B. 阿德勒、[美] 拉塞尔 · F. 普罗科特，译者：黄素菲、李恩；出版单位：北京联合出版公司）

本书理论与实用并重，分为“看入人里”“看出人外”“看人之间”等3大部分，共12个章节。“看入人里”主要探讨与沟通者有关的因素，说明人际关系的本质，强调自我在沟通中的角色，并分析知觉与情绪在沟通中的重要性；“看出人外”聚焦沟通者之外的信息的传送与接收，分析语言的运用和非语言线索的特征，强调倾听的重要性；“看人之间”主要讨论关系的演变过程，侧重于亲密关系的区别分辨，提出改善沟通氛围、处理人际冲突的沟通方法。

书中通过对超过50部热门美剧、电影和真人秀的分析，帮助读者印证每一章的沟通准则；从探讨与自我有关的沟通因素到与沟通对象有关的因素，再到讨论沟通关系的演变，兼具深度、广度与完整性。

2.《非暴力沟通》（著者：［美］马歇尔·卢森堡，译者：阮胤华；出版单位：华夏出版社）

本书讲述了非暴力沟通的原则与方法，引导读者在沟通中专注于彼此的感受和需要，发现生命的美与力量，从而促进倾听、理解与互助，以及内心创伤的愈合，化解人际矛盾冲突。

3.《陪孩子一起成长》（著者：李子勋；出版单位：长江文艺出版社）

本书从家庭治疗师的视角，指导家长发现自己在家庭教育过程中出现的问题和思考解决方式。全书包括“读懂孩子的内心”“营造成长的环境”“引导孩子的行为”“读心术实战技巧”“经典重读”等5个章节，从家庭教育观念的改变到亲子关系的整合，将心理咨询技术有效融入案例分析，深入浅出地娓娓道来。书中讲解了大量的个案，辅以漫画，内容通俗幽默，让读者能在愉快的阅读中加深记忆。

评估改进

一、自我评估

1. 请你回答以下问题

（1）谁是孩子最好的朋友？

（2）近三个月，让孩子感到苦恼的事情有哪些？

（3）近一年，在孩子做过的事情中，哪件是让孩子感到最自豪的？

（4）今年最让孩子感到失望的事情有哪些？

（5）孩子在假期最想做什么事情？

（6）最近孩子阅读过哪些书籍？

（7）孩子经常在网上联系的朋友有哪些？

（8）孩子的收藏品有哪些？它们对孩子来说意味着什么？

（9）在学校，孩子最喜欢待在哪里？和谁一起？做什么？

（10）孩子对家庭最大的期望是什么？

【评估参考】

回答以上问题后，可以让孩子给你评分。对你的回答认可的，每题得 1 分，总分 6 分以上为合格，得分越高说明你对孩子越了解。

2. 请孩子回答以下问题

（1）当你脸色阴沉地回到家里，你的家长是否能及时关注到你的情绪变化？

（2）你是如何回应家长的做法的？

（3）当你面临人际交往问题时，你的家长会为你出谋划策吗？

（4）当家长为你的消极情绪感到烦躁、生气和焦虑时，他们是怎么表达情绪的？

（5）你在人际交往中有做得不错的地方时，你的家长会作何反应？

【评估参考】

请你根据孩子的回答，反思自己平时与孩子的相处模式是否得宜，并适当地采纳孩子的意见来调整今后的做法。

二、改进计划

表 5.2 改进计划表

序号	我的收获	我的改进行动
例	我学会了用恰当的语言和方式表达情绪。	1. 当自己出现负面情绪时，不指责、不抱怨周围人和事，要学会分析自身，对自己的情绪状态负责。 2. 仔细观察和体会自己的情绪状态，需要向孩子表达情绪时，能够运用恰当的话语。 3. 多使用以“我”或“我们”为主语的表达方式，建立友好的亲子沟通氛围。
1		
2		
3		

第六专题 如何引导孩子学会保护自己

作为家长，我们往往会担心孩子出现以下情况：因缺乏安全意识和自护自救能力而面临溺水、运动损伤、交通事故等危险；由于学业压力大、校园欺凌、早恋等问题而抑郁；在强烈的好奇心和青春期生理冲动的驱使下，轻易尝试性行为；不合理使用电子产品，导致视力下降；经常上网聊天、玩游戏、看小说和直播，沉迷网游、网恋、网购和直播打赏，甚至沾上“黄赌毒”；上了高中仍然连洗衣、做饭、洗碗等基本的家务都不会做；周末只想在家躺着，对社会实践嗤之以鼻……

孩子出现以上问题，会是什么原因引起的呢？我们怎样才能更好地帮助孩子回归“正轨”呢？

专题目标

1. 向孩子传授安全知识，提高孩子的自我防范意识，锻炼孩子的自我保护能力。

2. 引导孩子在社会实践（劳动实践）中学会基础的劳动技能与自防自救知识，培养孩子的劳动精神的同时，也教会孩子防范潜在危险。

3. 引导孩子合理使用电子产品，保护身心健康，并把握好使用网络的时间、频次和内容，注意避免个人信息泄露和网络成瘾。

引导孩子提高防范意识，学习自护

案例分析

校园里涉及孩子生活和学习方面常见的安全隐患有20多种，包括食物中毒、体育运动损伤、网络交友、交通事故、火灾火险、溺水、毒品危害、性侵害等，其中交通事故和食物中毒是危害青少年安全的两大“杀手”。共青团中央、教育部、公安部、全国少工委主办的“中国少年儿童平安行动”自2003年开始启动。据活动组委在北京、上海、广东、陕西等10省（区、市）进行的关于中小学生安全问题的调查显示，家长担心孩子受到伤害的场所分别为：学校（51.44%）、公共场所（36.32%）、自然环境（10.44%）、家里（1.8%）。可见，校园安全问题必须引起社会、学校和家庭的高度重视。

高中的孩子在交通安全、网络安全、消防安全、食品安全、校园安全等方面均需要加强自我保护。影响孩子自我保护意识的因素有家庭教育、学校教育、社会主流的价值观、社会的法制宣传、孩子自身的心智发展水平等。

案例一　危及孩子生命的隐患

研究表明，高中孩子经常存在逆反心理的占32.6%，偶尔存在逆反心理的达89.4%。处于青春期的孩子容易因为家长的几句唠叨就情绪爆发，大声反驳、甩门、摔东西，更有甚者离家出走。

调查显示，由车祸、溺水、跌落、烧烫伤、中毒、窒息等意外伤害造成的非正常死亡是危及中小学生生命的首要原因，且青少年自杀正向低龄化方向发展[①]。关注生命，珍视生命刻不容缓！

当孩子遭遇“考试成绩不好”“被老师同学误会”“失恋”等情况时，若家长没能正确对待和及时引导，部分孩子可能会因难以渡过难关而走上绝路。这样的现象虽不普遍，但也绝不是个例。另外，孩子还有可能存在许多令人担忧的问题，比如飙车，吸烟、喝酒甚至尝试毒品，浏览色情网站，等等。那么，为什么孩子会出现这些问题呢？

首先，高中孩子正处于青年发展初期，生理和心理发展不平衡。这一时期的孩子，自主性增强，精力充沛，交友热情高，好奇心、好胜心强，有时甚至会在冲动之下做出违反常规的事。其次，高中孩子处于性发育期，同时社会化滞后，这形成了他们对性产生既好奇又有罪恶感的矛盾心理，而正是这种复杂的心理导致他们偷偷浏览色情网站、早恋、发生性行为等。另外，在复杂的社会环境下，不少孩子自我保护的意识和能力不足。

学校教育与社会环境的脱节，家庭教育内容与方法的局限，这些因素都造成了对孩子生命教育的缺位。很多家长不了解青春期孩子身心发展的规律，忽视孩子渴望得到理解与尊重的需求，缺乏科学的家庭教育理念和方法。这些家长往往过分关注学业成绩，给孩子造成了很大的压力；对孩子或期望值过高，或过度照顾、过度保护，或漠不关心，或放任自流，导致孩子产生了心理问题，以及出现厌学、离家出走等行为，有的孩子甚至走上违法犯罪的道路。

案例二　性教育不足

一项关于“高中生成人意识与建设和谐社会”的调查结果显示，在恋爱和性体验方面，24.7% 的高中生有过恋爱经历。其中，10.9% 有 1 次，5.7% 有 2 次，8.1% 有 3 次或以上，另有 2.7% 的高中生与恋人有过性行为。而在问到“你通过哪些渠道获得性和生殖健康知识”时，回答中排在前五位的分别是学校教育，报刊、书籍、展览，同学、朋友、同伴，电视、广播，互联网，第六位才是家长，这表明许多家长在对子女的性

① 郭志宏：《高中生生命教育的理论研究与实践探索——让生命之花绽放的更加绚丽》，硕士学位论文，苏州大学，2008，第 1 页。

知识教育中显然缺位。

许多高中孩子未能在学校学习性健康知识，通过父母而获取的性健康知识也是微乎其微。在强烈好奇心和青春期生理冲动的驱使下，少男少女们轻易尝试性行为导致意外怀孕的事件时有发生。究其原因，主要有以下几点。

（1）对性不了解，缺少性健康知识

许多孩子在好奇心的驱使和生理激素的刺激下，草率地尝试性行为，往往在付出惨痛的代价后才追悔莫及。同时，青春期孩子所获得的性知识可能仅限于生理健康课程的理论教育，却没有意识到两性平等、相互尊重的观念也是性教育的重要内容。

（2）缺少从正常渠道接受性教育、获得性知识的机会

在家庭中，“性”往往是话题禁区，一方面是家长不知道该如何开口，另一方面是家长认为性教育是学校老师的责任。面对青春期孩子的性困扰，家长大多采取“鸵鸟政策”，吞吞吐吐、遮遮掩掩，导致孩子只能通过同学、朋友或者大众媒体获得性知识，但这样得来的知识或经验往往是不可靠、不科学，也是不全面的。

（3）家庭对孩子的关爱不够

高中阶段的孩子面临高考，家长们往往更关心孩子的学习成绩，而忽视了孩子精神的成长。长期得不到父母关爱的孩子，往往容易因为孤独而选择跟异性在一起，享受交往带来的温暖，一部分少男少女因此误以为找到了爱情，甚至过早地突破防线。

案例三　校园欺凌

2019 年 1 月，河北某高中学生遭室友殴打，诊断显示被打学生肋骨骨折、肾积水。

2019 年 6 月，浙江某高中学生被同班同学拳脚相加而致左耳鼓膜穿孔。

2020 年 9 月，广西某高中 3 名高二学生因小事殴打 1 名高一学生，受害者医疗花费近 3 万元。

近年来，校园暴力呈现低龄化、群体性、网络化特点，学生之间的暴力逐渐增多。校园欺凌主要分为身体欺凌、关系欺凌、言语欺凌和网络欺凌，欺凌的方式通常是多种形式并存的。

2016 年 4 月 28 日，国务院教育督导委员会办公室印发了《关于开展校园欺凌专项治理的通知》（国教督办函〔2016〕22 号），明确校园欺凌事件的概念，即“发生在学生之间蓄意或恶意通过肢体、语言及网络等手段，实施欺负、侮辱造成伤害”的事件。同年 11 月，教育部等九部门联合印发《关于防治中小学生欺凌和暴力的指导意见》，提出了中小学校要制定防治学生欺凌和暴力工作制度、依法落实家长监护责任等多个要求。

导致校园暴力频发的原因主要有以下两点：

①在缺乏爱的家庭中成长的孩子往往更容易产生攻击性，成为校园暴力的施暴者。据中央电视台关于校园暴力的相关报道，在受调查的 177 名涉“校园暴力”学生中，约有四分之一的施暴者来自父母离异的单亲家庭。这些孩子大多无法与父母进行有效沟通，家庭中充满暴力与冷漠，他们的心中也因此难以种下真善美的种子。

②孩子遇到矛盾冲突时，父母缺乏适当的解决方法与策略。高二孩子的心理和生理尚未完全成熟，社会经验较少，缺乏对复杂事物的判断和鉴别能力，心理和情绪上的变化复杂，稍有诱因就容易做出不理智的事。上述报道指出，校园暴力的起因中排在前三位的分别是：日常小摩擦（占 64.41%）、打架报复（占 31.64%）、情感纠纷（占 29.38%）。在被问及“为什么选择暴力的方式”时，66.67% 的孩子认为用暴力“解决问题很直接”，29.94% 的孩子认为“比较刺激有快感”，18.08% 的孩子认为“对方太软弱”，16.38% 的孩子则是为了“显示自己强大”。

高中阶段的人际交往存在矛盾分歧是正常的，但如何正确解决矛盾冲突，则是我们和孩子需要深入思考的。校园欺凌事件通常都能够从家庭教育中找到蛛丝马迹，家庭氛围不融洽、家庭成员酗酒、单亲家庭、父母强势、管教方式错误等一系列问题成了校园欺凌的触发器。孩子的情绪无处发泄，就发泄到同学身上：先是“开玩笑”，继而是“恶作剧”，最后就演变为校园欺凌。可见，对校园欺凌，我们应该反思家庭教育是否恰当、充分，单靠学校的力量是不足以从根本上杜绝的。

了解孩子

青少年安全教育是基础的教育，是具有生命意义的教育。青少年安全教育的范畴很宽，包括自身安全教育、交通安全教育、电力安全教育、校园安全教育、食品安全教育等，每一个安全教育环节都对青少年的健康成长有着重要意义。

我国高中孩子的安全意识整体较弱，所受的安全教育也有较大欠缺，仅有不到一半的高中孩子接受过预防暴力或犯罪侵害的自我保护教育。2016 年，中国青少年研究中心发布了一份关于中、美、日、韩四国高中生安全意识及问题的比较研究报告。报告显示，我国高中生遭受暴力侵害现象较为突出。受害者中，有 40.5% 被当面讥讽或辱骂过，有 27.6% 被同学或伙伴孤立过，有 11.5% 被威胁恐吓过，有 11.3% 挨过打，有 4.0% 被抢过财物。另一项研究表明，男生的自我保护意识显著高于女生，独生子女的自我保护意识显著高于非独生子女，城镇高中孩子的人身安全自我保护意识显著高于农村孩子。总体趋势为就读年级越高、家庭人均年收入越高，孩子的人身安全自我保护意识就越强。

实施指南

每个家长都希望能为孩子提供远离伤害的安全环境，让孩子健康、平安、快乐地长大，但事实是孩子随时随地都有可能受到伤害。预防胜于补救，我们应该做好平日的防范措施，培养孩子自我保护的能力。

1. 引导孩子学会自我保护

（1）正确认识高中孩子生理和心理的发展特征

我们应接纳孩子的变化，多肯定、鼓励，少指责、唠叨，与孩子保持顺畅的沟通。融洽的亲子关系是教育孩子的前提。我们要严肃地告诉孩子，生命是世界上最宝贵的，任何事情都不值得用生命去冒险；教育孩子在意识到个人力量有限的情况之下，要学会寻求帮助。

（2）了解孩子的身心发展规律和心理需求

在孩子遇到挫败或情绪低落时，我们可以给孩子温暖的拥抱，接纳孩子，适时引导，让孩子感受到父母的爱；当孩子陷入情感困惑时，我们要保持耐心，鼓励孩子说出内心感受，倾听孩子的讲述、理解孩子的心情。我们还应在适当的时机与孩子探讨对未来和生命的看法，引导孩子理性地面对人生中可能遭遇的各种挫折和困难。

2. 对孩子进行科学的性教育

（1）树立正确的性价值观

我们可以采用阅读青春期性教育相关书籍、陪孩子参加专题讲座、给孩子写一封信或与孩子面对面交流等方式，让孩子明白性需求是正常的生理现象，是人的本能；教育孩子，每个人的性行为不仅要对自己负责，也要对他人、对家庭、对社会负责，引导孩子自尊、自爱、自重、自持。

（2）提倡适当的两性交往方式

对于在新闻、影视节目以及生活中经常出现的关于男女、性、生理健康、亲密关系等话题，我们可以通过轻松幽默的口吻向孩子讲授性知识，教育孩子正确地与异性交往，让孩子明白爱与责任密不可分，每个人都有追求爱情的权利，但同时也要负起相应的责任。

（3）教育孩子洁身自爱

我们要告诉孩子防止在未成年的阶段发生性关系，并教会孩子关于避孕与紧急避孕的知识。教会孩子如何预防可能出现的意外伤害以及遭遇伤害时可行的求救方式。

3. 教会孩子应对校园欺凌

（1）强化事先预防措施

我们可以借助媒体曝光的校园欺凌问题，与孩子一起讨论、分析，教育孩子树立自我保护意识，增强自我保护能力。当夫妻之间、亲属之间出现矛盾冲突时，尽量采用恰当、理性的方式予以处理，为孩子做良好的示范。

（2）细致观察，及时掌握情况

我们要留意观察孩子是否有学习成绩突然下滑、精神恍惚、情绪反常、旷课等异常表现，及早发现可能存在的欺凌和暴力行为，注意从孩子的行为、情绪、衣着、用品等方面发现孩子可能被卷入欺凌和暴力事件的表现和迹象。

（3）当孩子遭受欺凌时，及时给予支持

当发现孩子因可能遭受伤害而表现异常时，我们要了解相关情况，体谅孩子的变化，给予孩子充分的关怀。我们可以和孩子商量如何更好地面对并解决当下的问题及未来可能发生的类似问题，让孩子释放压力并获得良好的家庭关怀。

（4）家校配合，智慧应对

产生怀疑后，我们要主动联系老师，及时掌握孩子近期的思想状况、情绪状态和人际关系状况等。如孩子确实在遭受校园欺凌，我们要和学校及时沟通解决，对严重的欺凌和暴力事件要迅速联络公安机关介入，保障孩子的安全；还要防止网络传播等因素导致事态蔓延，避免造成恶劣社会影响，使孩子免遭二次伤害。

（5）重视校园欺凌发生后的心理辅导工作

孩子遭遇校园欺凌后，家长和学校要做好事后辅导工作，帮助孩子走出心理阴影、重塑自信，增强孩子抗挫折和解决问题的能力。若孩子依旧无法走出校园欺凌的阴影，可以寻求专业的心理咨询和辅导。

在社会实践（劳动实践）中培养孩子防范潜在危险的能力

案例分析

结合 2019 年《中共中央　国务院关于深化教育教学改革全面提高义务教育质量的意见》和 2020 年教育部印发的《大中小学劳动教育指导纲要（试行）》（以下简称《指导纲要》）中关于劳动教育的内容，本专题所指的社会实践（劳动实践）包括家务劳动、校园劳动、校外社会实践、社会服务劳动（含志愿服务）、研学实践教育活动和职业体验活动。

2020 年发布的《中共中央　国务院关于全面加强新时代大中小学劳动教育的意见》强调，家庭要发挥在劳动教育中的基础作用，鼓励孩子利用节假日参加各种社会劳动。教育部颁布的《普通高中课程方案（2017 年版 2020 年修订）》则要求普通高中学生每学年社会实践 1 周，明确劳动为必修课程（共 6 学分，其中志愿服务 2 学分，在课外时间进行，3 年不少于 40 小时）。习近平总书记在 2020 年的全国劳动模范和先进工作者表彰大会上提出，“要开展以劳动创造幸福为主题的宣传教育，把劳动教育纳入人才培养全过程，贯通大中小学各学段和家庭、学校、社会各方面，教育引导青少年树立以辛勤劳动为荣、以好逸恶劳为耻的劳动观，培养一代又一代热爱劳动、勤于劳动、善于劳动的高素质劳动者”。可见，在新时代下，党和国家在社会实践和劳动教育方面对孩子提出了更高的要求。

1. 当前青少年社会实践（劳动实践）状况不甚理想

2021 年 1—3 月，中国青少年研究中心“青少年学生劳动状况调研”课题组对全国 30 个省（区、市）的 13991 名中小学生、4783 名大学生、2196 名教师、9076 名家长开展了大中小学青少年劳动状况专项调研并做出报告[1]（以下简称《报告》）。从报告数据可以看出，当前青少年的社会实践（劳动实践）状况不容乐观。

（1）家务劳动时间不足，劳动类型受限

《指导纲要》明确要求，中小学每周课外活动和家庭生活中的劳动时间，小学一至二年级不少于2小时，其他年级不少于3小时。但《报告》显示，超过85.30%的受访中小学生每周平均家务劳动时长在2小时及以下，其中67.52%为1小时及以下，34.92%不超过半小时。由此可见，大部分受访中小学生平均每周家务劳动时间不足。在劳动类型方面，大部分受访的中小学生会打扫卫生、清洗餐具，超过半数的受访中小学生会垃圾分类、照顾长辈或弟妹，但掌握购买家庭用品、做饭、家庭种植饲养、简单维修家庭物品、缝补衣服技能的受访中小学生均不足一半，会做其他家务劳动的仅有5.03%。由此可见，孩子所掌握的家务劳动类型普遍较为局限，不能很好地掌握稍微复杂或精细化的劳动类型。

（2）在校劳动时间不足，复杂精细劳动参与不够

《报告》显示，中小学生周平均在校劳动时长不超过2小时的为85.77%，其中69.87%不超过1小时，37.36%不超过半小时。这说明中小学生在校劳动的时间严重不足。校内劳动参与的类别中，只有打扫卫生和手工制作的参与比例超过了一半，种植活动、养殖活动、机械制作、学习烹饪等家政活动、科技创客活动等其他类别的劳动参与比例则远不足一半。可以看出，孩子在校参与劳动的种类较为局限，复杂和精细化的劳动参与不够。

（3）社会服务劳动单一，缺乏多样性

《报告》显示，76.00%的中小学生参与过打扫公共卫生环保活动，45.70%参与过植树造林，但维护交通秩序、敬老助残、农业劳动体验、工业劳动体验、除农业工业以外的其他职业体验、社会调查等的参与率均未超过30%。虽然可能与学校的统一组织有关，但也能说明，孩子参与社会服务劳动的种类相对单一，缺乏多样性。

① 王玉香、杨克、吴立忠:《大中小学青少年劳动状况调研报告——基于全国30省份29229名学生的实证调查》,《中国青年研究》2021年第8期第41–49页。

（4）家务劳动教育缺乏严格要求

《报告》显示，81.80% 的父母能教给子女做家务的方法，做家务较勤快而且能给子女树立榜样的占 66.80%。但对子女的家务劳动有严格要求的父母只占 21.40%，有奖惩规定的占 22.20%，父母包办的占 3.95%。

〉〉〉 2. 安全隐患亟须重视

孩子参与社会实践（劳动实践）的过程中，可能存在一些安全隐患，需要引起我们的重视。我们平时可以有意识地向孩子灌输公共安全意识和防范措施。

（1）毒品危害

案例一　未成年人讲述毒之殇

17 岁的小新本应快乐地学习和生活，却因为吸毒成瘾而被强制隔离戒毒。他在接受采访时讲述：

“毒品对我来说原本很陌生，我做梦都没想到，自己会走上吸毒这条不归路。

“在一次同学介绍的兼职中，我和同事们吃完饭又去 KTV 唱歌。他们招呼我一起玩，其中一个同事拿出了一包我从未见过的‘糖’。他说这是零食，含着酸酸甜甜的，可以提神醒脑。就这样，在无知和好奇心的驱使下，我尝试了人生中的第一口毒品。从那以后，我把父母的疼爱当作放纵的资本，和社会上的闲散人员纠缠在一起，最后不顾父母的反对、老师的劝导，非要辍学。”

一朝吸毒，心瘾难除。小新首次吸毒后，便不自觉地有了第二次、第三次……他经常出入酒吧、KTV 等娱乐场所，连父母都难得见他一面。后来，小新因吸毒被公安机关抓获。

小新的案例具有一定典型性。小新的堕落源自父母的管教不严、学校的监督不力以及自身的交友不慎。根据国家禁毒部门发布的《2019 年中国毒品形势报告》，截至 2019 年底，中国吸毒人员有 214.8 万名，占全国人口总数的 0.16%。其中，18 ～ 35 岁的有 104.5 万名，占 48.7%；18 岁以下的有 7151 名，占 0.3%。可见，青少年吸毒现象并非个例。

近几年，新型毒品层出不穷，且外包装具有迷惑性，成瘾性也非常高，严重威胁着青少年的身心健康。我们一定要重视对孩子的毒品预防教育，支持孩子参加毒品预防教育社会实践，增强孩子对毒品的认识和抵制能力，增加孩子对从事缉毒工作的条件、内容和安全风险等方面的了解，激发孩子对缉毒警察等英雄人物的崇敬之情。

（2）消防安全

应急管理部消防救援局发布的2021年全国消防接处警与火灾情况显示，当年全国消防救援队伍共接报处置各类警情195.6万起，出动消防救援人员2040.8万人次，累计从灾害现场营救被困人员19.5万人，疏散遇险人员46.7万人；共接报火灾74.8万起，死亡1987人，受伤2225人，直接财产损失67.5亿元。

2022年1月27日，广西消防救援总队召开广西2021年火灾警情通报新闻发布会。据通报，2021年广西消防救援队伍共接报警情48802起，出动消防救援人员508916人，抢救和疏散被困群众6617人，其中发生火灾17279起，亡50人，伤88人，直接财产损失达1.72亿元。

火灾的风险往往就在身边，防火需要未雨绸缪。我们既要在生活中对孩子进行用火用电等安全教育，也要通过支持孩子参加消防安全教育社会实践来进一步增强孩子的自防自救能力，同时增加孩子对从事消防员职业的条件、工作内容和安全风险等方面的了解。

（3）粮食安全

2018年，中国科学院地理科学与资源研究所和世界自然基金会联合发布的《中国城市餐饮食物浪费报告》显示，在对北京、上海、拉萨、成都的抽样调查中，四个城市的人均食物浪费量为每餐每人93克，浪费率为12%；人均食物浪费量因城市、餐馆类型、就餐目的等因素的不同而存在显著差异。该报告特别指出中小学校园食物浪费问题值得关注，因为据调研，某大型城市中小学校食物浪费已超过城市餐饮平均浪费水平。而联合国粮食及农业组织发布的《2021年世界粮食安全和营养状况》显示，2020年全世界有7.2亿～8.11亿人口面临饥饿，与2019年相比增加了1.61亿。

2020年，面对旱灾、水灾、蝗灾和新冠肺炎疫情的冲击，世界范围内的粮食安全问题尤其值得深思。教育部办公厅研究测定的《教育系统“制止餐饮浪费培养节约习惯”行动方案》提出，要深入推进“光盘行动”，组织学生走向田间地头和青少年社会实践基地等场所，通过社会实践、劳动体验，让学生切身感受食物的来之不易，真正形成尊重劳动和爱惜食物的思想意识。作为家长，我们应该支持和陪伴孩子参加粮食安全、爱粮节粮教育社会实践和学农活动，引导孩子通过参与劳动，懂得尊重劳动、珍惜劳动果实，同时增加孩子对农民和各类劳动者的尊重和理解。

（4）气象、地质灾害

案例二　天灾之痛

2016 年 5 月 20 日，广西玉林市北流市平政镇遭遇洪水导致一所幼儿园内涝，1400 余名学生被困。

2018 年 6 月下旬，受持续强降雨影响，广西多地出现洪涝灾害。至 6 月 24 日，灾害造成全区受灾人口 9.58 万人，紧急转移安置 1529 人，需紧急生活救助 556 人，因灾死亡 3 人。

2019 年 10 月 12 日，广西玉林市北流市发生 5.2 级地震。中国地震局发布的《2019 年地震年报》显示，2019 年全国共发生 30 次 5 级以上地震，地震灾害共造成 19 人死亡，427 人受伤。

2020 年 6 月 1 日，广西来宾市受持续暴雨影响，800 多名学生被围困。

2021 年 5 月 6 日，广西北海市连续强降雨数小时，被冲塌的围墙上掉落广告牌，砸中了 1 名学生。

广西地少山多，山地面积占全区面积的 60% 以上。受地形地貌和地层岩性影响，广西易发、多发地质灾害，主要为滑坡、崩塌、岩溶塌陷、泥石流、地面沉陷等类型。面对可能出现的暴雨、洪灾等气象灾害和地震、滑坡等地质灾害，我们平时应该向孩子灌输正确的防震减灾、避险自救知识，支持和引导孩子积极参加相关的社会实践活动的同时，增强孩子的安全意识与自救能力。

了解孩子

1. 社会实践（劳动实践）能满足孩子不同层次的需求

马斯洛需要层次论认为，人类的需要像阶梯一样从低到高按层次分为五种，分别是：生理需要、安全需要、归属与爱的需要、尊重需要和自我实现需要。（见图 6.1）

孩子适当参加社会实践（劳动实践），既可以强身健体，也可以收获自身生存和发展所需的技能——这些技能在一定程度上可以满足孩子生理和安全的需要。在实践的过程中，与人沟通交流可以提高孩子的交际能力；综合运用所学知识分析和解决问题，可以使孩子获得成就感和自信心；在志愿服务中，帮助他人、服务社会，能够让孩子赢得他人的尊重，并获得存在感和认同感，实现人生的价值——这些技能可以满足孩子归属与爱的需要、尊重的需要和自我实现的需要。

从满足孩子成长过程中的五种需要出发，在保障孩子人身安全的情况下，我们应该支持孩子开展社会实践（劳动实践）。

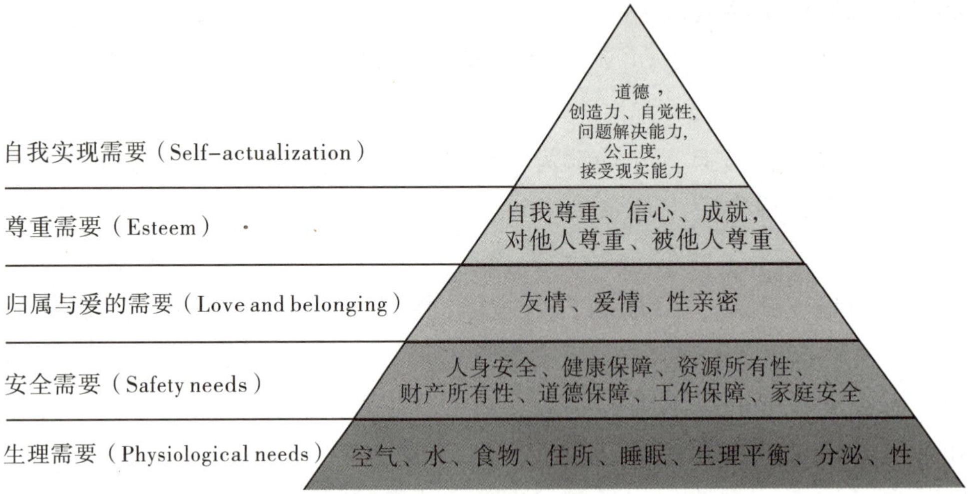

图 6.1　马斯洛需要层次论

2. 实践学习能帮助孩子获得并不断增强抗逆力

抗逆力，又称“耐挫力”“心理弹性”，是指一个人面对困难、挫折、失败等逆境时的心理协调和适应能力，它能引领个体在身处恶劣环境时懂得如何解决困难，从而使个体能够以积极健康的态度去面对逆境。

高二的孩子正处于人格可塑性较强的阶段，在身心成长、社会化、人际交往等方面都可能面临诸多困境。而这个阶段的孩子还不完全具备辩证分析和解决问题的能力，对待困难与挫折的适应能力与心理防御机制还不够成熟和完善，生理的日趋成熟与心理的相对幼稚很可能导致孩子产生心理矛盾。若家长平时过于关注孩子的学习，对孩子过分保护和溺爱，就可能导致孩子的抗逆力不够强，容易将成长中的困难和挫折敏感化、扩大化。

抗逆力可以通过学习获得并不断增强。心理学研究表明，同样的挫折，第二次出现时对人造成影响的力度和广度比第一次要弱得多。在孩子可承受的范围内对孩子进行适当的挫折教育，有助于提高孩子的抗逆力和心理健康水平。挫折教育是有意识地培养孩子对挫折的承受力、应变力、克服力，并培养孩子完善人格的心理素质教育，使孩子能正确面对并有效解决学习生活中的问题，为孩子将来步入社会、踏上工作岗位创造更有利的条件[①]。孩子在参加一些从未经历过或富有挑战性的社会实践（劳动实践）过程中，难免会遇到一些困难，这时候他们就更需要与人沟通交流、协商合作或向他人寻求帮助，需要通过持续的研究探讨、不断的尝试挑战、反复的实践学习来解决问题、克服挫折，从而获得新的知识技能和实践成果，培养和提高分析解决问题和抗挫折的能力。

---

① 边玉芳：《读懂孩子——心理学家实用教子宝典（12—18岁）》，北京师范大学出版社，2014，第91页。

实施指南

社会实践（劳动实践）是孩子成长过程中的必修课。孩子是自己人生行动的主角和第一责任人，我们要勇于放手让孩子参与到各种社会实践（劳动实践）中去，让孩子在实践中培养相应的安全防护技能与职业能力。当孩子遇到困难和挫折时，我们要陪着孩子一起面对，给孩子坚定的支持和适时的引导，让孩子在实践中不断学习和成长。

1. 动员孩子参加家务劳动

①抓住衣、食、住、行等日常生活中的劳动实践机会，鼓励孩子自觉参与、自己动手，随时随地、坚持不懈进行劳动，掌握洗衣做饭等必要的家务劳动技能，每年有针对性地学会 1 ～ 2 项生活技能[①]。

②鼓励和支持孩子积极参与学校和社区等组织开展的生活技能实践活动。

③树立崇尚劳动、尊重劳动的良好家风，通过日常生活的言传身教、潜移默化，使孩子形成良好的劳动观念，养成良好的劳动习惯。

2. 鼓励孩子参加校园劳动

①鼓励孩子认真完成值日生的劳动任务，做好教室卫生的清洁打扫与维护，培养孩子的责任和担当。

②鼓励孩子积极参加劳动课，学习劳动生产知识和劳动操作技能，养成热爱劳动的好习惯。

③鼓励孩子积极参加植树节、学雷锋纪念日、五一劳动节、中国农民丰收节等丰富的劳动主题教育日活动，在集体劳动的影响下激发孩子的劳动积极性。

④鼓励孩子竞选劳动委员或生活委员等职务，主动为老师和同学提

---

① 中华人民共和国教育部政府门户网站：《中共中央　国务院关于全面加强新时代大中小学劳动教育的意见》，2020 年 3 月 26 日，http：//www.moe.gov.cn/jyb_xxgk/moe_1777/moe_1778/202003/t20200326_435127.html。

供力所能及的帮助和服务。

3. 鼓励孩子参与社会公益服务

在老师的指导、学校的支持和社会服务机构的协助下，我们可以引导和陪同孩子利用周末、节假日和寒暑假以义工或志愿者的身份参与社会公益服务。

①支持孩子参加消防安全宣传、防震减灾知识科普、普法宣传、禁毒宣传、交通协管等志愿服务，在社会实践中强化孩子的安全意识，拓展孩子安全维护的知识和技能。

②支持孩子深入城乡社区、福利院、医院、博物馆、科技馆、图书馆等单位、社会机构和公共场所，参加敬老助残、赛事后勤、社区建设、就医指导、引导解说等志愿服务，在公益劳动中强化孩子的社会责任意识。

③如果条件允许，可以和孩子一起申请参加义工组织，将义工精神融入日常生活中。

4. 支持孩子参加研学活动

中小学生研学活动是指由教育部门和学校有计划地组织安排，通过集体旅行、集中食宿方式开展的研究性学习和旅行体验相结合的校外教育活动。研学实践教育基（营）地包括但不限于各地现有的爱国主义教育基地、国防教育基地、革命历史类纪念设施遗址、中华优秀传统文化传承基地、文物保护单位、科技馆、博物馆、生态保护区、科普教育基地、科技创新基地、农业科技示范基地、教育系统所属的各类青少年校外活动场所等资源单位，如中国气象局气象宣传与科普中心、5·12汶川特大地震纪念馆、中国人民抗日战争胜利受降纪念馆、鸦片战争博物馆、党史及口岸文化教育基地等“全国中小学生研学实践教育基地”，玉林市示范性综合实践基地、南京市未成年人社会实践行知基地等“全国中小学生研学实践教育营地”。丰富多彩的研学活动会让孩子开阔眼界、增长知识、了解国情、热爱祖国，提高孩子的社会责任感、创新精神和实践能力。

①支持孩子走进全国中小学消防安全教育社会实践基地观摩学习，

参加学校或社区组织的消防安全、防震减灾科普宣传活动和应急演练活动，让孩子体验动手操作火灾报警、逃生自救、灭火器使用等消防安全实操内容，从中获取相关安全知识，提高自我保护意识和自防自救能力。此外，还可以在消防队（站）了解消防人员一日生活，部队执勤备战、业务训练的相关情况，以及消防人员灭火救援事迹等，增进孩子对消防行业和消防精神的了解。

②支持孩子走进中小学毒品预防教育社会实践基地观摩学习，积极参加学校和社区组织的禁毒知识宣传活动，让孩子了解毒品的种类、传播的途径和危害，引导孩子提高自我保护的意识；学习预防毒品、药物成瘾的知识，引导孩子提高禁毒意识和抵制毒品能力；了解古今禁毒英雄和缉毒英雄事迹，传播禁毒文化，告诫孩子远离毒品，珍爱生命，弘扬志愿禁毒精神。

③支持孩子到中小学爱粮节粮教育社会实践基地等场所参观。到粮油仓储基地和质检中心参观粮油检测工作，了解粮食储藏和粮油安全知识；参观农业生产基地，到农村或学农基地体验农活劳作（如耕地、锄草、播种等农田劳动及喂养禽畜、放牧牲畜等饲养劳动），了解和掌握一定的农业生产知识和技能，学习农产品的质量安全等知识，让孩子在体验农业劳动艰辛的同时，增强尊重劳动、爱惜粮食、珍惜劳动成果的意识，增进对农民这一职业和劳动精神的了解和体悟。

5. 鼓励孩子进行职业体验

职业体验是指体验者根据其现有的知识结构、能力水平和职业兴趣，选择合适的职业角色进行体验，从而了解这些职业的工作内容、岗位职责及应具备的工作技能和素质，进而思考如何初步规划自己未来的专业学习和职业生涯。我们可以鼓励孩子利用寒暑假时间参加适当的职业体验活动。

①陪孩子一起参与职业体验活动的过程：确定准备体验的工作岗位和体验单位→查阅相关资料→做好上岗前的准备（如写介绍信、投简历、选职业服装、注意举止礼仪、岗前培训等）→正式上岗体验→总结、反思和评价体验过程。

②利用周末或寒暑假，陪孩子到大学校园或人才市场参观招聘会现

场，让孩子了解心仪职业的招聘特点和要求，提前做好应聘的准备。

③鼓励孩子自行联系感兴趣的单位，或根据学校的统一安排，与同学一起到某一单位进行职业体验。

④指导孩子对职业体验活动做出总结评价，做好职业生涯规划。

我们应该鼓励和支持孩子参加社会实践（劳动实践），并通过社会实践（劳动实践）对孩子进行劳动安全教育，与孩子一起科学地评估社会实践的安全风险，为孩子购买相关保险。在实践过程中，我们应提醒孩子重视安全防范措施。①操作安全。注意用火用电安全，严格按照设备、仪器、工具使用说明规范操作。②交通安全。严格遵守交通规则，乘坐合法的、有安全保障的交通工具。③财务安全。少带现金，减少不必要的消费，避免成为被偷窃、抢劫的目标。④交际安全。与人沟通交往时言行有度，同时提高警惕，注意保护个人隐私。⑤食品安全。注意食品卫生和保质期，不随意吃喝陌生人赠予的食物和饮料。⑥疾病预防。讲究卫生、合理饮食、正常作息，携带常用和必要的药品。⑦人身安全。如遇侵犯，应沉着冷静，讲究策略，抓住时机报警，主动寻求帮助。

引导孩子合理使用电子产品

案例分析

随着互联网的发展和电子产品的普及，网络游戏、动漫、网络小说、网络直播等产品不断出现，造成一些自律性不强的孩子出现了用眼过度、沉迷游戏、价值观混乱等问题，影响了他们的学习和身心健康。为此，2018 年教育部办公厅发布了《关于做好预防中小学生沉迷网络教育引导工作的紧急通知》。我们要引导孩子合理使用电子产品，切实做好预防孩子沉迷网络的教育引导工作。

就目前的网络环境和网络资源来看，网络安全问题对孩子的影响有以下几类：

①沉迷电子产品和网络，学习能力降低。一些孩子过度依赖电脑和手机，导致读写和计算能力退化，逻辑思维能力、注意力和记忆力等方面的发展也受到了负面影响；一些孩子自我管理能力不足，将大量时间与精力消耗在网络上，对网络产生了心理依赖，造成学习兴趣与学习成绩下降。

②长时间上网，影响身体发育。长时间使用电脑和手机等数码产品，会对孩子的视力、颈椎等方面产生负面影响。

③网络垃圾泛滥，弱化道德意识。网络是一把双刃剑，既是信息宝库，也是信息垃圾场。信息垃圾会污染孩子的心灵，腐蚀孩子的思想，误导孩子的行为习惯。

④沉迷网络，影响性格发展。部分孩子长期沉溺于网络世界，逐渐把自己从现实世界中抽离出来，不愿与家长、老师和同学沟通，甚至造成性格扭曲。

案例一　网络成瘾

阿强上了高二后就开始沉迷网络，无心学习，成绩随之大幅下降。他平时不跟老师和同学交流，上课时不是睡觉就是玩手机，在老师的多次批评教育后仍然不知悔改。父母知道后非常生气，然而，多次的打骂不但没有让孩子戒掉“网瘾”，反而使孩子产生了严重的叛逆心理。阿强依旧我行我素，流连于网吧，有时甚至还偷父母的钱。

孩子之所以容易患上“网瘾”，主要有以下几个原因：

①社会环境的影响。在科技日益发达的今天，互联网早已渗入人们生活的方方面面，但网络信息良莠不齐，青少年辨别能力不强，容易在网络的虚拟世界中迷失方向。

②生活学习压力大。在巨大的学习压力下，不少孩子机械地读书，

找不到学习的乐趣，失去了学习动力和求知的欲望，渐渐沉迷网络。

③精神世界的空虚。很多家长平时忙于工作，对孩子的照顾只停留在物质上的供给，而忽略了与孩子精神上的沟通，不知道孩子为什么烦恼、是否和同学朋友有矛盾等。孩子在家长那里找不到情感理解和烦恼化解的出口，于是只能寄托于网络世界，因为在这个虚拟的世界里，孩子可以随心所欲地与他人倾诉。

④性格的缺陷。研究发现，上网成瘾的青少年大多孤独、内向，不爱与人交往。当出现了矛盾、苦恼而又无法自行化解时，他们就会通过上网来发泄情绪，慢慢也就沉溺于网络不能自拔。

案例二 手机依赖

就读高二的阿峰是家里的独子。近一年，他迷上了一款很火的网络游戏，他觉得在游戏里自己可以随心所欲地创造出自己理想的世界，还可以在网络中跟其他玩家分享自己打造的理想世界的模样。在阿峰看来，这是一件让他有成就感和满足感的事情。但在妈妈眼里，阿峰只是一个玩物丧志又不懂事的孩子，她认为孩子应该以学业为重，好好读书。阿峰的表现越达不到妈妈的预期，妈妈就越盯着阿峰不放；妈妈越盯着阿峰不放，阿峰的表现就越达不到妈妈的预期。最终，母子陷入了互相对峙的僵局。

据第50次中国互联网络发展统计报告数据显示，截至2022年6月，我国手机网民人数多达10.47亿，网民使用手机上网的比例达99.3%；10～19岁年龄段的网民群体占比达13.5%。一份关于手机屏幕使用时间的网络评级表显示，人们对手机的依赖程度可以分为8个等级：①轻微依赖（1～3级）：除了打电话发短信，基本不看手机。平均每天玩手机累计时间不超过3小时。和朋友聚会聊天时，尽量不玩手机。即使很长时间不看手机也不会感到焦虑。②中度依赖（4～6级）：手机主要用于日常联络和工作，80%的时间用于收发邮件、沟通工作。白天使用手机时间较多，晚上基本不看手机。没有手机会感觉到不便，但也可以忍受。③重度依赖（7～8级）：每天起床和睡前都必须看手机，每天使用手机累计超过8小时。几乎大部分社交、娱乐、学习和工作都依赖于手机，习惯使用各种 App，24 小时不关机。

如今，手机已成为人们交流的必要工具，很多高中孩子也拥有了自己的手机。孩子通过课本和老师所获取到的信息有限，与他人的交流中接触到新的信息时，孩子的求知欲会进一步被激发，而互联网能提供丰富的信息资源，孩子通过手机可以更便捷地获取到各种信息。高中阶段的孩子处于追求丰富多彩生活的年龄段，手机里品类繁多的 App，能成为助力孩子们学习和生活的重要角色。

特立独行、个性张扬已经成为新时代高中生的重要特征，他们渴望表达自己的想法、得到理解和认同，而手机上的各种社交媒体平台能帮助孩子拓宽视野和交际圈，让他们展示与分享自我，获得来自外部更多的认同和支持。

与此同时，我们也要让孩子明白，手机是把双刃剑，合理使用才可以助学习和生活一臂之力。在信息爆炸的今天，禁止孩子接触电子产品是不现实的，也是没有必要的。我们应该做的，是引导孩子正确使用手机，让手机更好地为孩子服务。

了解孩子

网络改变着人们的生活方式、教育方式和学习方式，也成为孩子学习、娱乐和人际交往的重要空间。网络在帮助孩子与外界交流的同时，也会给他们的学习、生活和身心发展带来一定的困扰。高中的孩子具备一定的上网技能，但对维护网络安全的法律法规却知之甚少，网络安全防范及行为道德意识相对淡薄，在网络诱惑面前往往缺乏辨别力、自制力与自觉性。此外，青少年对网络传播的谣言，以及包含淫秽、迷信、邪教等内容的有害信息的辨别能力不足，自我抵制、自我防范和自我维权意识不够强，容易产生思想认识上的偏差。

2022 年 11 月，共青团中央维护青少年权益部、中国互联网络信息中心联合发布《2021年全国未成年人互联网使用情况研究报告》（以下简称《报告》）。《报告》显示，2021年我国未成年网民规模达到1.91亿，高中、中等职业教育学生的互联网普及率分别为98.4%和98.8%。

1. 未成年网民上网设备及上网时长情况

《报告》显示，未成年网民拥有属于自己的上网设备的比例达到86.7%，使用手机上网的比例为90.7%，拥有自己手机的比例为60.9%，而部分未成年网民可能存在过度使用互联网的情况。未成年网民工作日平均每天上网时长在2小时以上的为8.7%，节假日平均上网时长在5小时以上的为9.9%。

2. 未成年网民的网络活动情况

《报告》显示，互联网在未成年人学习、休闲娱乐、社交等方面发挥了重要作用。高中生和中等职业教育学生经常在互联网上进行的活动中，排在前五位的均为网上学习、听音乐、玩游戏、聊天、看短视频，且各项占比均超过45%。此外，他们在网上搜索信息、看视频、使用社交网站、看动画/漫画、网上购物、看小说等活动的占比均超过20%。

3. 未成年网民遭遇网络安全事件及网络暴力①的情况

《报告》显示，25.5%的未成年网民表示"自己曾在过去半年内遭遇过网络安全事件"，其中，13.1%的未成年网民表示账号密码曾被盗、11.0%的未成年网民表示电脑或手机曾中病毒、11.0%的未成年网民表示曾遭遇网络诈骗、6.4%的未成年网民有过个人信息被泄露的经历。在网络暴力方面，数据显示，2021年未成年网民在网上遭到讽刺或谩骂的比例为16.6%，自己或亲友在网上遭到恶意骚扰的比例为7.0%，个人信息未经允许在网上被公开的比例为6.1%。

4. 未成年人遇到网络不良或消极负面信息的情况

《报告》显示，38.3%的未成年网民表示自己在上网过程中遭遇过不良或消极负面信息。其中，21.2%的未成年网民曾遇到炫耀个人财富

① 网络暴力主要指网民通过互联网对他人实施辱骂和言语攻击等暴力行为。

或家庭背景的内容，16.3% 的未成年网民曾遇到宣扬不劳而获、躺平等思想的内容，血腥暴力内容的比例达 15.8%。

实施指南

>> 1. 引导孩子理性使用网络

（1）提高自身网络素养和网络应用技能

网络时代对家长的素质也提出了新的要求。我们要乐于接受信息时代的挑战，学习电子设备和网络知识，通过良好的上网行为让孩子了解网络的多种用途以及它在生活、工作中的作用，给孩子做好示范。

（2）督促孩子适度使用电子产品和网络

我们要有意识地控制孩子使用电子产品，非学习目的的电子产品使用单次不宜超过 15 分钟，每天累计不宜超过 1 小时；使用电子产品学习 30～40 分钟后，应休息远眺放松 10 分钟[①]。要提升自身的网络道德水平、网络社会法治意识，平时要严于律己，文明上网，给孩子起表率作用。可以和孩子共同制订“上网公约”，一起约定上网时间、频率、内容和地点等，引导孩子合理安排时间；指导孩子制订科学的上网计划，避免因无谓上网而浪费时间；培养孩子养成先完成学习任务再上网娱乐的良好习惯。

（3）指导孩子选择正确的网络信息

我们要引导孩子提升信息的鉴别能力，给孩子推荐一些优秀的网站，鼓励孩子利用教育网站寻找资源，如听专家和优秀教师讲课、进行自主学习等；还可以以孩子的兴趣爱好为切入点，引导孩子上网查阅相关资料、制作动漫、发表文章或动态、学习网页设计等，让孩子学会充

---

① 教育部等八部门：《关于印发〈综合防控儿童青少年近视实施方案〉的通知》，2018 年 8 月 30 日，http：//www.moe.gov.cn/srcsite/A17/moe_943/s3285/201808/t20180830_346672.html。

分利用网络为自己服务。

（4）提升孩子的网络安全意识

我们可以安装一些具有屏蔽或过滤功能的软件，教会孩子主动提高网络防范意识；教育孩子在网上注意保护自己和家庭的隐私，预防网络诈骗；提醒孩子谨慎对待网络交友，不轻易与网友见面；引导孩子提高信息辨别和选择能力，学会辨别网络信息来源的真伪，不信谣、不传谣等；告诉孩子对网上的内容产生疑惑或感到不舒服时，要及时告诉身边值得信赖的成年人以寻求帮助。

2. 引导孩子正确使用手机

我国目前尚无关于未成年人上网浏览及交流的完善机制，而孩子也不一定能够准确判断和处理超出他们认知范围的内容（如诈骗、诱骗等）。因此，我们一方面要及时监管，另一方面也要告诉孩子，遇到有疑问的内容时要提高警惕性，及时和父母沟通，避免点击与原定浏览内容无关的信息和链接。此外，青春期的孩子正是大胆表达自我的年纪，不少孩子喜欢在社交网络上发布自拍照和视频，有时甚至还标注地点。我们要提醒孩子，不要发布自己衣着暴露的照片，不要暴露自己的姓名、身份证号、家庭住址、就读学校、行程路线等个人信息，不给犯罪分子以可乘之机。

（1）父母树榜样

如今，不管是孩子还是成年人都无法拒绝手机的魅力。有些家长不注意自己对孩子的影响，在孩子面前做“低头族”，在无形中对孩子产生了负面影响。家庭教育的效果取决于家长的榜样作用。家长自律自控，合理使用手机，强调手机的实用性而非娱乐性，在教育孩子的时候有理有据，才能起到言传身教的效果。

（2）使用有约定

我们要意识到，手机不是买来给孩子用就可以了，还需要在使用时间和使用方式上给予孩子科学的指导和约束，必要时还要与孩子商定“手机使用约定”。发现孩子有沉迷手机的情况时，我们要意识到问题的严重性，及时干预，让孩子调整好生活、学习和娱乐的关系。家长的监督、提醒和协助有助于孩子遵守诺言、履行约定。

（3）生活巧安排

当孩子知道如何安排自己的生活，内心有足够的动力时，对手机的依赖自然就会减少。对于住宿制的高中学校，家长对孩子学习上的关怀往往鞭长莫及，所以在和孩子相处的时间里，我们要多跟孩子一起策划、安排各项活动的时间，让孩子意识到学习的重要性、阅读与运动的快乐、生活的丰富与美好和兴趣爱好的减压作用，激发孩子对生活的热情、对兴趣爱好的探索和对知识的探求欲。高中紧张的学习生活给孩子带来了很大的压力，家庭的陪伴与支持至关重要。有了充实的生活，孩子自然能够意识到手机不是生活的必需品，只是给自己提供方便的信息沟通工具，它应该为自己服务，而不是让自己成为它的“奴隶”。

延伸拓展

阅读推荐

》》 1.《高中生“三理”教育读本》(编者：秦树理、郭守占；出版单位：河南人民出版社)

本书囊括爱国主义教育、三观教育、公民意识和社会责任感教育、公民权利与义务教育、劳动和社会实践教育等内容，根据孩子的身心发展规律提出科学的教育方法，帮助家长科学教育孩子。

》》 2.《高中生社会实践活动指南》,(编者:《高中生社会实践活动指南》编写组；出版单位：上海科技教育出版社)

本书列举了近年高中生社会实践的主要类型，将其分为社区服务、角色体验、校内实践活动、自然考察活动及社会调查五大类，语言浅显晓畅，涵盖活动形式、方法点拨和设计要点等内容。书中穿插了大量相关案例，帮助家长了解高中孩子参与社会实践活动的目的、主要类型和一般过程，以及有效开展活动的方法和注意事项，为家长支持孩子开展社会实践活动提供有效的参考。

〉》 3.《高中生安全教育读本　高中二年级》(编者：刘晓哲；出版单位：北京师范大学出版社)

本书涵盖了国家安全、生态安全、社会安全、卫生安全、校园安全、网络安全等内容形式活泼精炼，内容生动有趣，还专门设置了合适校长。教师和家长阅读的栏目，具有较强的可读性和趣味性。

评估改进

一、自我评估

〉》 1. 你了解自己的孩子吗

(1) 如果你发现孩子有厌学情绪，甚至流露出人生毫无价值和希望的想法，你会怎样开导孩子，给孩子以生活的希望?

(2) 你是否曾经对青春期的孩子进行过性教育? 如果有，是怎么做的?

(3) 如果孩子在高二时谈恋爱 / 失恋了，你会怎么做呢?

(4) 你认为预防和应对校园欺凌，家长可以做什么?

(5) 如果孩子因陷入网络不能自拔而出现了严重的行为障碍，你会怎样帮助他(她)?

2. 给孩子做网络成瘾的小测试，让孩子选出最符合自身实际情况的选项

（1）你觉得自己沉溺于网络吗？（　　）

A. 是　　B. 否

（2）你常常无法抵制网络的诱惑，很难离开网络吗？（　　）

A. 是　　B. 否

（3）你每次上网实际所花的时间都比原定时间要长吗？（　　）

A. 是　　B. 否

（4）关闭网络时，你会产生消极的情绪或不良的生理反应吗？（　　）

A. 是　　B. 否

（5）你是否将上网作为逃避问题和排解消极情绪的方式？（　　）

A. 是　　B. 否

（6）你是否对父母、老师和同学隐瞒了自己真实的上网时长？（　　）

A. 是　　B. 否

（7）网络是否对你的学习、生活和人际关系等方面造成了负面影响？（　　）

A. 是　　B. 否

【评估参考】

如果孩子有超过半数（4题及以上）的题目回答“是”，那么他（她）很可能有网络成瘾倾向。

二、改进计划

表 6.1 改进计划表

序号	我的收获	我的行动改进
例	高中的孩子虽然课业繁重，但参加社会实践（劳动实践）也是十分必要的。	1. 以身作则，尊重劳动。平时在家要勤做家务，并引导和督促孩子主动收拾东西、整理房间。 2. 教会孩子做几道家常菜，教育孩子学会珍惜粮食、尊重劳动成果。 3. 参与劳动的同时，教会孩子正确用火、用电、使用劳动工具，防止受伤和其他安全事故的发生。
1		
2		
3		

第七专题 如何做孩子强大的“精神后盾”

孩子上高中后，你是否发现自己和伴侣能够好好沟通的时间越来越少了？是否总是觉得对方做的事情不如自己的意，忍不住想吵架？谈到孩子教育话题的时候是否总觉得话不投机，以致越来越不想沟通，就算在一起相处也是互不理睬，各做各的事情，共度浪漫时光也变成了奢望？而当面对孩子时，你是否也控制不好自己的情绪，经常因为孩子的一些行为和话语而发脾气，容易和孩子发生冲突？

如果没有这种感觉，那么说明你和伴侣的夫妻关系经营得很不错，你对自己的情绪管理得很好，孩子也会朝着理想的方向发展。但如果经常有这样的感觉，那么就需要了解和学习一下如何经营夫妻关系，管理自己的情绪了。

专题目标

1. 换位思考，与伴侣和谐相处。

2. 运用情绪 ABC 理论，调节自己的情绪。

3. 根据自己的家庭类型和现状，采用相应的模式和方法，理性地教育孩子。

夫妻关系巧经营——做孩子未来的示范

案例分析

案例 日久生“厌”

自从孩子上高中后，王丽和丈夫刘强之间的冲突越来越多，几乎每个月都会吵架或冷战。以前孩子走读时还能忍着，现在孩子住校了，家里就剩夫妻两人，彼此都对对方的行为越看越不顺眼。王丽总是觉得刘强不仅不做家务，还老挑三拣四，叫他买个东西也总是不如自己的意。刘强也觉得很郁闷，自己辛辛苦苦上了一天班，下了班回到家还被妻子唠叨，有时候被说烦了就忍不住回嘴，结果又引发了更激烈的争吵。

相信你对以上情景一定感到很熟悉吧？在生活中，夫妻之间的争吵在所难免。其实两个人之间并没有什么大矛盾，但是生活琐事总是让我们止不住地发生争吵，甚至长期冷战，既影响了家庭的氛围，也影响了亲子关系。夫妻之间多一些宽容，有利于营造温暖和谐的家庭氛围；而父母良好的相处模式会成为孩子的典范，孩子受到和睦的家庭氛围的熏陶，会成长为一个懂爱、会爱的人，将来也会经营好自己的生活。

也许你会说，我知道家庭关系对孩子成长的重要性，我也想给孩子一个温暖和睦的家，可是我们就是看对方不顺眼啊！曾经那个温柔贤惠的她怎么就变成了“河东狮”，那个善解人意的他怎么就变得不近人情了呢？相恋时，大多数人都会把自己最好的一面展示给对方，而当真正进入婚姻生活时，就要共同面对生活中的柴米油盐和两个家族的各种关系，要分担家庭的经济责任、家务责任和育儿责任，两种状态不免会形成巨大的反差。这时候就需要两个人付出更多的努力来相互理解，相互包容。

人们之所以会出现矛盾，是因为常以自己的主观理解去要求别人，把自己的想法强加给别人。人与人之间是存在差异的，哪怕夫妻也是一样，如果我们不能认识到这点，一味要求对方按照自己的想法来做，那么夫妻之间就会容易产生各种冲突。

了解我们

夫妻之间存在的差异主要表现在以下三个方面。

1. 性别差异

美国心理学博士约翰·格雷在《男人来自火星，女人来自金星》一书中用通俗易懂的语言谈论了男女之间的差异。而进化心理学的相关研究也表明，男女之间的不少差异都和人类祖先的社会分工有关。

在古代，男性由于体格比较健壮，因此主要承担狩猎的工作，而女性则大多在家做家务、养育孩子、纺织、采摘等。这样的分工对男性特征的发展会产生什么影响呢？首先，古代男性需要狩猎，如果方位感不强，就有可能迷路，甚至会遭到野兽的袭击。为了生存和繁衍，男性的方位感慢慢地就训练得相对比女性更强一些。由于社会分工长期相对固定，这一特点在下一代的男性身上必然得到遗传和演化。其次，古代男性在打猎时会遇到很多大型猎物，有时凭一己之力根本无法捕获，甚至还会有生命危险，所以他们必须结成“联盟”，团结协作，共同捕获猎物，因此对团结协作能力的要求也就更高。

女性的社会分工会使她们形成什么特点呢？首先，古代女性工作的地点大部分都在家中或者离家比较近的地方，对方位感的要求不高；加上古代女性很少出远门，对方位感的训练不足，这种特点也会渐渐遗传给下一代女性。其次，古代女性从事的工作地点相对集中，常常聚集在一起边聊天边完成工作，这样的环境就使得女性形成了比男性更强的倾诉欲望。

由于社会分工不同而带来的两性特点的差异还有很多，而这些特点正是千百年来人类社会生活模式产生的结果。当丈夫责备妻子不认识路时，也许并不是她的问题，而是男女两性在生理及后天训练方面的确存在差异，男性的方向感相对女性而言往往存在显著优势；当妻子责怪丈夫在和她聊天时不够耐心时，也许不是他变了心，而是男性的表达欲并没有女性那么强烈而已。明白了这一点，下次夫妻之间产生矛盾时，我们可以多思考一下，理性看待事情本身，不要盲目地去指责对方。

2. 原生家庭差异

一个人在原生家庭中长大，必然会受到原生家庭的影响，这种影响甚至会伴随一生。夫妻双方的成长环境不同，必然会带着各自原生家庭的烙印。

假设在妻子的原生家庭中，每个家庭成员之间关系都很密切，边界感不强，而丈夫恰好来自一个家庭成员关系比较冷淡、边界感很强的家庭，如果无法包容对方，夫妻双方在一起就很有可能产生矛盾甚至严重的冲突。所以，夫妻之间应该常换位思考，是对方故意为之，还是由于原生家庭的影响。

3. 气质类型差异

按体液、体型、血型、神经活动类型等，心理学将人的气质分为不同类型，其中最典型的是胆汁质、黏液质、多血质和抑郁质的分类，认为这些气质类型很难通过后天改变。“江山易改，禀性难移”，说的就是像气质这样的先天特质对性格的影响。

典型胆汁质的人，大多热情、冲动，富有激情，办事效率高；而典型黏液质的人，做事就有可能慢条斯理，但认真仔细，不做没有把握的事。如果这两种典型气质类型的人在一起，他们在恋爱时可能会觉得正好互补，但在婚姻生活中却极有可能发生冲突：约好晚上六点钟一起去餐厅吃饭，胆汁质的他五点半就到达了，还找好了位置，满心欢喜地点好了她喜欢的菜；但黏液质的她还在做出门的准备工作，磨蹭到六点半还没到，七点钟时仍然没来。这时胆汁质的他可能就不耐烦了，一场争吵一触即发。矛盾的产生一定程度上是由于气质类型的不同而导致的。

我们要认识到，夫妻之间可能会受性别差异、原生家庭差异、气质类型差异等因素的影响而对同一件事有不同的看法，甚至产生冲突。如果我们能够认识这些客观的差异，那么下次夫妻之间再产生矛盾时，就会多一些理性思考，从容地避免即将发生的“舌战”。

实施指南

1. 自我改进，影响对方

我们总是希望另一半能变成自己想要的样子，其实这是不合理，也是不现实的。人们往往按自己喜欢的、习惯的方式生活，不喜欢被别人改变，一旦发现别人想要改变自己，就会本能地产生抵触心理，矛盾也就因此产生。

当我们无法容忍对方的行为时，该怎么办呢？可以尝试从改变自己开始。我们自己改变了，对方也有可能受到影响而发生一定程度的改变，两人之间的针锋相对就会变得缓和一些。所以，我们尽量不要一味强硬地要求对方改变，而是先改变自己，让自己变得越来越好，夫妻之间的关系才能越来越和谐。

2. 换位思考，理解对方

从图 7.1 中，你看到了什么？每个人看到的有可能是不一样的。妻子说是鸭子，丈夫说是兔子，两人都坚持自己是对的，都想“纠正”对方，就会争执不下。

图 7.1　图案测试

回想一下，平时你和另一半争吵时，谁对谁错？其实很多事情并没有绝对的对错之分，你有你的看法，对方也有自己的看法，就和看这幅图的道理一样。但是我们往往不能认识到这一点，总觉得自己才是对的，一味地否定和责骂对方，这样反而增加了双方的矛盾，破坏了夫妻关系。

我们要能够认识到人与人之间的差异，能够容许“另一个声音”的存在，内心才会变得越加宽容。

3. 赞美对方，改进夫妻关系

在生活中，很多人喜欢用抱怨和指责的方式来给对方施加压力，试图改变对方。殊不知，越抱怨、越指责，对方就会越反感，越不愿意配合，也就不可能被改变。比如妻子希望丈夫能多分担一点家务，如果直接说“你怎么这么懒，整天就知道打游戏、玩手机，就不能做些家务吗”，丈夫很可能反击“我每天在外面赚钱那么辛苦，回到家休息一下不行吗”，两个人就有可能爆发争吵。

那么应该怎么做呢？可以试着旁敲侧击，尝试赞美对方。当极少做家务的丈夫主动洗了碗筷，妻子就可以进行适当的“表扬”，对丈夫说“我刚刚看到你洗碗了，谢谢你愿意和我一起分担家务，我觉得没那么累了”等。听到这样的话语，丈夫表面上可能不动声色，其实心里已经乐开了花。当他下次再看到有家务要做时，很可能还会主动为之，因为他期待妻子的肯定，这种肯定能给他带来成就感和价值感。我们都乐于享受这样的愉悦，因为这份成就感和价值感能带给我们自信。妻子表达对丈夫的肯定和感谢，积极地回应他的付出，丈夫也会慢慢地享受做家务的乐趣。这种“改变”是自愿的，只有心情变好了，事情才能越做越好。

4. 给予对方所需要的爱的语言

美国婚恋辅导专家查普曼博士提出了“爱的语言”的概念，包括肯定的言辞、精心的时刻、精心的礼物、身体的接触和服务的行为——这是人们表达爱意的方式以及对爱的需要。他在研究中发现，每个人对爱的需求是有差异的，有些人更渴望肯定的言辞，有些人更享受精心的时刻，有些人更需要精心的礼物，有些人更喜欢身体的接触，有些人更期待服务的行为。我们在给予对方爱时，要考虑对方对爱的需求是何种类型，根据对方的需求来给予适当的爱。如果对方需要的是肯定的言辞，那么可以多说赞美的话语，让他（她）充分感受到被肯定、被认可而安心；如果对方需要的是精心的时刻，那就有意识地多创造一些浪漫，让生活增加仪式感；如果对方需要的是精心的礼物，那么可以为他（她）精心挑选一份诚意满满的礼物；如果对方需要的是身体的接触，那么可以在每天出门前，给予对方一个爱的拥抱；如果对方需要的是服务的行为，那么就多给他（她）一些关心，为他（她）解决生活中遇到的困难。

稳定自己的情绪——做不焦虑的家长

案例分析

案例　“直脾气”的妈妈

小武在初中时，学习比较主动，平时也待人和善，生活上也没让家长过多操心。但是到了高中，他在网络上接触了许多自己以前没有接触过的新鲜事物。渐渐地，他开始沉浸在这片“新天地”中。有一天晚上，小武妈妈悄悄拧开书房的门，发现小武在玩电脑游戏，摊开的作业本被他扔到了一边。小武妈妈顿时脑子一嗡，不断臆想孩子在学校不遵守纪律、不好好学习的场景。她越想越急，越想越觉得事态严重，最终忍不住冲进书房把孩子劈头盖脸地骂了一顿。

你一定有过这样的体验吧？当看到孩子学习退步，自己比孩子还着急，焦虑得寝食难安；当看到孩子周末回到家一直在玩，作业却一点儿都没碰，就急上心头，气不打一处来……如果这样的情况经常发生，那就有可能是你对孩子的学习产生了焦虑的情绪。

情绪是人对内外信息的态度体验以及相应的行为和身体反应。比如，被讲述父爱或母爱的电影感动得痛哭流涕，为期末考了满分高兴得手舞足蹈，为孩子放假天天玩游戏而生气，为孩子偷拿家里的钱而愤怒地斥责……

情绪没有好坏之分，只有适度与过度之别。面对孩子考试不及格，你虽然很着急，但还是能理性地和孩子沟通，帮助孩子找到考试失利的原因——这就是适度的情绪，有助于解决问题；如果你一看到孩子考试不及格就勃然大怒，甚至动手——这就是情绪反应过度，不利于解决问题。如果家长的情绪长期不稳定，对孩子来说，往往就意味着“灾难”。

了解我们

家长情绪不稳定会对孩子产生多大的影响？我们来看以下两个心理研究。

1. 镜像神经元

意大利神经生理学家贾科莫·里佐拉蒂通过对猴子脑细胞的研究，发现了镜像神经元。后来，研究人员发现不只在猴子的大脑中存在这种神经元，人脑也有类似的神经元。这种神经元就像我们大脑中的一面镜子，帮助我们和他人互动时在脑中映射出对方的行动和情绪。这种映射近乎本能，是人类在生存繁衍的过程中进化的结果。同样，父母在孩子面前出现的情绪，也会在孩子的大脑中形成镜像，这就是人们所说的“父母是孩子的镜子”。

2.“踢猫效应”

“踢猫效应”是指对弱于自己或者等级低于自己的对象发泄不满情绪而产生的连锁反应，描绘的是一种典型的坏情绪的传染。这个故事说的是一位公司老板因为心情不好，无缘无故把一位下属骂了一顿。员工很生气，回到家看见妻子还没准备好晚饭，就把妻子骂了一顿。妻子心里很窝火，看见孩子在沙发上跳来跳去，于是把孩子骂了一顿。孩子心里也很委屈，没有人可骂，便狠狠地踹了一下身边正在打滚的猫。可怜的猫没有办法，就从家里逃了出去，一出门就遇到公司老板乘坐的汽车。汽车司机怕撞到猫，猛地一打方向盘，结果撞到路边。车翻了，老板也受了伤。

故事中糟糕的情绪一直在传递，由一件事产生了连锁反应，最后导致了更糟糕的结果。

“踢猫效应”也会发生在家庭中。成长阶段的孩子是家庭里能力和地位最低的“弱者”。当家长处于焦虑、惊恐或愤怒等激烈的情绪状态时，一旦缺少情绪觉察和管理的能力，就很容易使孩子成为家庭中承受坏情绪的“受害者”。同时，孩子在成长过程中曾经受到的情绪伤害，也有可能随时显现出来，反过来让家长受伤。例如，总是和家长对着干、主动放弃学业等，都很可能是孩子遭遇父母情绪伤害后的一种反抗。所以，在一个弥漫着过度负面情绪的家庭里，每个人都可能是加害者，同时也有可能成为受害者。

一般来说，家长长期情绪不稳定可能会给孩子造成的影响有：身体和大脑损伤；心理压力大，缺乏安全感；缺乏自信，消极悲观；情绪调节能力差，情绪不稳定；等等。

也许有些家长会说，“我也不想这样，可我就是控制不了自己的情绪”，“我天生就是暴脾气，老是控制不住自己”……人的情绪是不是真的完全不受控制呢？其实并不见得。我们发脾气的对象大多是自己亲密接触或者地位不如自己的人，因为对伴侣、孩子或者下属发脾气的后果并不严重。但是我们要知道，过度的情绪发泄迟早也会反过来伤害到自己。所以，作为家长，我们首先要学会管理好自己的情绪，才能让孩子在耳濡目染中养成管理好自己情绪的习惯。

1. 接纳自己的情绪，增强情绪觉察能力

情绪是人的本能之一。当激烈的情绪袭来时，我们不要急于强迫自己冷静，强迫自己想“这种情绪是不对的，我一定要克服”，不妨先找个不受打扰的地方，感受一下自己的心理状态，不要试图去批判和否定自己的情绪。当觉察到并心平气和地接受了自己的负面情绪时，你就会发现自己的情绪已经平稳了许多，也恢复了冷静思考的能力，因为对情绪的觉察，本身就是一种疗愈。

2. 通过认知调整来管理自己的情绪

在本册中，我们已经学习了情绪 ABC 理论，从中我们可以知道，人们对同一件事情持不同看法，会产生不同情绪，从而导致不同的结果。有时，你之所以焦虑，并不是由孩子或伴侣直接造成的，而是由你对待其行为的态度而产生的。情绪的产生，跟引发情绪的对象之间，其实没有直接的联系。

随着不断地学习和成长，我们很多看法和观念都会因此改变。我们不能管理好自己的情绪，大多是由认知偏差导致的。生活中不合理的认知偏差十分常见，我们经常会错误地归因，而这些原因和结果之间可能并没有关系。比如，我们出现“这么简单的事情都被我搞砸了，我真笨”的念头，但实际上有可能只是因为疏忽了其中一个环节而已。

在家庭关系中出现的认知偏差也可以用情绪 ABC 理论加以解释。

（1）绝对化要求。有些妻子认为孩子回到家必须先做完作业才可以做其他事情，有些丈夫认为做家务和教育孩子应该由妻子全权负责，这就是绝对化信念。为什么孩子回到家必须先做作业呢？孩子在学校学习了一天已经很累了，回到家想休息，有何不可？做家务和教育孩子为什么就理应由妻子独自承担？夫妻双方都在职，都不轻松，丈夫不能因为工作忙就缺席了对孩子的教育。

（2）过度概括。有些妈妈对孩子说“你怎么总是不好好做作业”“你怎么总是玩手机游戏”，有些妻子对丈夫说“你怎么总是不做家务”，等等。但是，孩子是真的从来没有好好做过一次作业吗？丈夫真的从来没有做过一点家务吗？他们也会有自觉的时候，却被加了个“总是”，等于是否定了他们全部的积极行为，这就是过分概括。对方听到了这样的

抱怨，说不定反而会更频繁地出现你所抱怨的行为，最后真的变成“总是”如此了。

（3）糟糕至极。丈夫在工作中遭遇了挫折，有些妻子就忧心忡忡，放大了事情的严重性，担心丈夫从此一蹶不振，甚至会产生严重的心理障碍。这就是典型的糟糕至极的认知偏差。有些人倾向于认为事情会按最坏的方向发展，常常被极端焦虑或极端恐惧的情绪左右心情。

如果能够调整好这三种认知偏差，改变对事情的消极想法，我们就不会轻易地被负面情绪所影响。这也需要我们不断地学习，不断拓展自己的视野，增加思考的维度和深度。一个人的视野越宽广，遇到事情时可选择的处理方式也就会越多，也就越不容易陷入某种极端情绪中，这也是我们不断成长的过程。

实施指南

管理情绪是非常重要的，有时还需要配合其他的辅助方式。我们可以尝试以下情绪调节的方法。

1. 深呼吸

做几分钟的深呼吸，激活大脑中控制放松情绪的神经。当感受到自己的神经放松、情绪缓和后，我们会庆幸没有说出伤人的话语。

2. 数十法

当感觉到情绪要爆发时，我们可尝试着先倒数十下。情绪往往是急剧攀升并在短时间内到达顶点的，只要过了这个顶点，高涨的情绪就会开始回落。无论是愤怒、紧张、激动还是羞愧，都千万不要在最冲动的时候做出任何不经思考的行为。当察觉到自己已经到达这个顶点时，要有意识地告诉自己先等一等。大多数情况下，10 秒钟后人们会逐渐恢复理性思考。这个方法需要在平时有意识地锻炼，才能内化为“本能”。

3. 适时缄默

当我们觉察到自己产生了强烈情绪，很想指责对方的时候，先保持沉默。当一个人带着强烈的情绪说话的时候，大脑中的理性系统就被关闭了，容易越说越激动，导致语出伤人。这时学会缄默，可以更好地让理性思维正常运行。

4. 照镜子

当情绪激动时，凝视镜子或玻璃中的自己，想象自己情绪爆发时的样子和别人看待自己的目光，可以有效地压制此刻的情绪。

5. 记录心情

试着将让自己不愉快的事情写下来，跟自己对话，剖析自我。可以这样问自己：为什么我会感到生气 / 难过 / 失落？试着从负面情绪中抽离出来，用旁观者的角度来看待问题。

6. 运动

当我们心里产生不良情绪时，可以尝试进行一些体育运动让自己暂时“分心”。运动可以促进内啡肽和多巴胺等物质的分泌，有助于释放压力和缓解情绪。

7. 呐喊

在保证安全且不影响他人的情况下，可以在大自然中呐喊，也可以在 KTV 里放声歌唱，达到宣泄情绪的效果。

8. 真诚沟通

万一我们一时没有控制好情绪而对孩子发了火，可以尝试按照下面的步骤来和孩子沟通。

首先，在情绪平复的状态下，向孩子说明“爸爸 / 妈妈刚才有点急，对你说话太大声了”；然后，告诉孩子自己的情绪不是因为孩子而产生的，比如“爸爸 / 妈妈是因为没有处理好工作上的事情，所以心情不好，并不是因为你而生气”等；最后，向孩子道歉，并和孩子积极互动，比如“爸爸 / 妈妈刚才的行为让你感到不舒服了，爸爸 / 妈妈向你道歉”“你可以讲一讲希望爸爸 / 妈妈怎么做吗”等。

我们要注意及时反省，跟孩子好好道歉，敢于承担失态的责任，孩子通常也会体谅。这样的家长，虽然不完美，但真实、真诚，孩子会愿意信赖和亲近；反之，明明自己有错在先，却为了所谓的“尊严”而拒不承认的态度，更容易失去孩子的信任和尊重。

当我们想对孩子发脾气时，可以抬头看看窗外的风景：有苍翠的大树，有娇艳的花朵，也有顽强的小草。世界之大，有英雄，有明星，也有普通人。我们期待孩子盛开繁花，但也许孩子原本就是一棵还未长成的参天大树。

养育孩子是一场修行，情绪稳定是父母一生都要努力做的功课，也是我们给孩子温馨的爱和礼物。

我的爱不特殊——不同类型家庭的亲子教育

案例分析

案例 家里有了新成员

陈娟离异后一直独自抚养儿子，虽然很辛苦，但从不会让儿子受委屈。但这几年，她发现儿子的性格越来越软弱，很多事情都不敢独立去面对和处理。陈娟认为这可能是孩子的成长缺少父亲陪伴的缘故，才导致不够坚毅、勇敢，再加上自己一个人抚养孩子着实不容易，所以经人撮合，和张勇组建了新的家庭。张勇有个女儿，从小就备受父亲的宠爱，如今女孩已经上高二了。陈娟为了表达善意，经常主动关心张勇的女儿，时不时也送些礼物，对方却并不领情。而张勇和陈娟儿子的关系也一直不太融洽。对此，陈娟和张勇都很苦恼，都不知道要怎么对待孩子。

你是否因为外出工作而没能好好照料孩子而感到愧疚，因为婚姻变故而不能给孩子完整的家庭而内疚，因为觉得亏欠孩子而特别想在物质上给孩子补偿，对孩子的不良行为也不敢管教？

有些家长在对孩子的教育中过于宠爱、讨好甚至纵容，也有些家长平时忽略了对孩子进行正确的爱的教育，导致孩子在成长过程中出现各种问题。一般来说，这种情况比较容易发生在单亲家庭、重组家庭、低收入家庭、留守儿童家庭等类型的家庭中。在案例里，陈娟的儿子和张勇的女儿既经历了单亲家庭，又面对重组家庭的问题，面对陌生的继父母难免会有些隔阂；加上长期缺乏完整的“家庭之爱”，更需要父母用足够的耐心去建立融洽的亲子关系。

了解我们

不同类型的家庭面临的问题不尽相同。下面分析四种不同家庭类型常见的教育问题。

1. 单亲家庭

单亲家庭常见的教育问题主要表现为父母的其中一方经常在孩子面前指责另一方，将造成婚姻解体的原因归咎于对方。殊不知，这样的指责会对孩子造成很大的负面影响。一方面可能会扭曲孩子的认知。在孩子的心里，父母的形象都是完美的，觉得爸爸是无所不能的英雄，妈妈是永远安全的港湾。然而夫妻的离异和相互指责，完全颠覆了孩子对父母形象的认知，造成孩子心灵的创伤。另一方面可能会影响孩子未来的择偶，比如有些单亲妈妈经常对女儿表达对男性的厌恶，这很可能会让孩子将来丧失步入婚姻的勇气。

2. 重组家庭

重组家庭常见的教育问题主要表现在继父母不太管，或者不太敢管教孩子。一方面是和孩子没有血缘关系和亲情基础，加上孩子的怕生和抗拒心理，很难形成有效的管教。另一方面是容易受到社会舆论的影响，生怕管得严反而吃力不讨好，还有可能会被他人诟病。另外，重组家庭里比较容易出现的问题还有难以处理好亲生孩子和非亲生孩子的关系：对亲生孩子好，生怕非亲生孩子敏感多疑；对非亲生孩子好，又怕亲生孩子心理委屈，很难做到一碗水端平。

3. 低收入家庭

低收入家庭常见的教育问题主要表现因在物质短缺而造成孩子产生负疚感。因为家庭经济条件不好，这类家庭的父母往往对金钱和物质看得比较重，容易忽视或者武断拒绝孩子的物质需求，而不是真诚地与孩子沟通、正面地引导孩子。比如对孩子来说，想买一双球鞋是正常需求；但对父母来说，购买这双球鞋的钱很可能需要花费全家人一个星期的伙食费。因此，有些父母就会当作没听到孩子的需求，或者为此指责孩子，让孩子感觉到自己有这样的需求是不合理的，是会让父母生气的，因此感到很内疚，甚至以后再也不敢表达自己的需求了。但被压抑的需求并不会从此消失，这种稀缺感和负疚感会对孩子今后的价值观和消费观产生很大的影响。

4. 留守儿童家庭

留守儿童家庭常见的教育问题主要表现在父母双方或一方对孩子的教育参与度不够。这类家庭的父母常年在外务工，缺少对孩子的陪伴，导致错失教育孩子的良机，等到问题严重了才发现矫正起来非常困难。另外，很多父母因长期不在孩子身边而心存愧疚，当有机会和孩子见面时，往往容易给予过度的金钱和物质补偿，却容易忽视孩子已经出现的问题。

实施指南

针对以上几种类型的家庭在亲子教育中的常见问题，家长们可以结合自己的情况，从相应的方面着手改善。

1. 单亲家庭子女教育

（1）坦诚地告知孩子事实

若夫妻离婚，应该坦诚地告诉孩子：“爸爸和妈妈因为一些原因，没有办法再一起生活下去了。虽然我们分开生活，但是我们仍然爱你，永远是你坚实的后盾。”这一点非常重要。很多孩子会觉得是因为自己做得不好才导致父母分开，从而感到愧疚，甚至会衍生许多心理和生理上的问题，如无心上学、不明原因的身体疼痛等。事实上，父母离婚不是对孩子最大的伤害，最大的伤害是有些父母会对孩子说“都是因为你，所以我们才过不下去”，这样的话语会让孩子陷入深深的自责和内疚，甚至会觉得是自己害了父母，进而丧失基本的价值感。

（2）协商一致，共同给孩子爱的滋养

夫妻离婚前，应该对孩子的教育问题进行理性的协商，明确各自的职责。离婚不离爱，要让孩子感觉到父母即使不在一起生活，对自己的爱也不会改变。在孩子想父母的时候，监护人要支持孩子到另一方处小聚，不要让孩子产生父母分开后就再也见不到爸爸/妈妈的感觉。另外，还要做到不在孩子面前说另一方的坏话，让孩子心中始终保留着好爸爸、好妈妈的形象，这样更有利于孩子健康人格的形成。

（3）双方共同关注孩子心理健康成长

夫妻离婚难免会对孩子产生影响，一是孩子对家庭变故的不适应，

二是一些外部因素可能会对孩子产生刺激，如同学的嘲笑等。因此，离异的夫妻要多加关注孩子的心理状态，定期和孩子谈心，多带孩子参加社交活动，鼓励孩子发展自己的兴趣爱好，让孩子慢慢地从父母离婚的阴影中走出来。

2. 重组家庭子女教育

(1) 夫妻协商共同教育孩子

在重组家庭中，面对非亲生孩子的教育问题时，往往会让许多继父母很头疼——管，孩子不一定会听，另一半可能还会不满，影响夫妻感情；不管，既怕孩子走向歧途，又怕另一半责怪自己不负责。所以，在重组家庭的过程中，夫妻双方一定要就孩子的教育问题进行充分的沟通，分清各自的责任。比如在继父母和孩子还没有建立融洽的亲子关系时，遇到冲突明显的教育问题，最好由亲生父母来教育，防止继父母和孩子之间出现激烈的冲突。亲生父母要做好孩子的思想工作，教育孩子尊敬继父母，同时也要充分信任继父母对孩子的教育，形成互相支持、互相配合的教育氛围。

(2) 公平对待家里的每一个孩子

重组家庭中，可能会既有亲生孩子，也有非亲生孩子。三孩生育政策实施后，夫妻双方各自带着孩子或者一方带着孩子，重组家庭后又生育了一个孩子的情况十分常见。我们要尽量对所有孩子做到一视同仁，越是非亲生的孩子，越容易敏感多疑，越需要更多的关爱来融化他们内心的坚冰。

(3) 引导孩子适应新家庭

在重组家庭里，继父母要多向伴侣了解对方孩子的特点，如性格、脾气、兴趣爱好和生活禁忌等，多了解孩子成长过程中的重要事件。只有多了解孩子，才能在教育的过程中做到有的放矢，让孩子感受到继父母发自内心的关爱。同时，亲生父母要有意识地引导孩子接纳继父母，多组织开展一些家庭活动、家庭会议等，让孩子尽快适应新的家庭生活。

3. 低收入家庭子女教育

（1）和孩子开诚布公谈论家庭经济状况

作为家庭中的一员，孩子有权利了解家庭的经济状况，父母不必在孩子面前避讳家庭经济问题。父母可以和孩子一起讨论家庭的收入和消费计划，让孩子知道家里一年大概有多少收入，有哪些必需的开支，有哪些可选择的消费，等等。这样做既可以培养孩子的理财意识和能力，也会让孩子更理解体贴父母，有更强的家庭归属感。

（2）认同孩子的正当需求，给孩子选择的机会

除了满足最基本的生存需求，孩子还会有更高层次的需求，如游戏的需求、与人交往的需求等。如果父母不溺爱，在低收入家庭中长大的孩子一般是不会乱提要求的。孩子能鼓起勇气提出来，一定是非常渴望，且经过反复思考的结果。作为父母，我们要理解孩子，在家庭开支允许的范围内可以适当满足孩子的需求。即使物品的价格确实超出了家庭目前所能承受的范围，也尽可能不要立刻否定和指责孩子，可以委婉地告诉孩子在某个时间段内可以支配的金钱数额，这些钱需要用在哪些地方，等等；可以同孩子商量如果买了某个物品，那么在将来一段时间内他（她）的其他开支就需要被削减或取消，让孩子自己做选择，这也是一个培养孩子为自己负责的契机。

（3）加强志向教育，鼓励延迟满足

一个家庭面临经济窘迫，可能有各种各样的原因，但是只要父母具有劳动能力，孩子有积极向上的志向，家庭的经济状况一般都会得到改善。父母首先要做孩子的榜样，父母对家庭经济状况的态度就是对孩子最直接的理财教育。如果父母甘于现状、无所作为，那么孩子也很有可能失去努力拼搏的动力；如果父母能够以身作则、辛勤劳动，那么孩子也会从父母身上学到积极向上的精神。同时，父母可以适当地鼓励孩子延迟满足需求，告诉孩子如果暂时搁置愿望，并持续为之努力，就有可能得到更多的奖励，教会孩子克服诱惑，形成努力之后总会有希望的信念——这是孩子在追梦路上难能可贵的品质。

4. 留守儿童家庭子女教育

（1）加强与孩子的沟通，及时掌握孩子心理状态

孩子在成长的过程中非常需要父母的陪伴，但是有些父母因为生计所迫，无法天天陪在孩子身边。随着科技的发展，我们可以通过打电话、发信息、视频聊天等多种方式和孩子沟通，交流的成本也越来越低。父母要多了解孩子的学习和生活状态，倾听孩子的心声，让孩子感觉到虽然父母身在远方，但心却时刻在自己身旁。

（2）加强与学校的沟通，家校协同育人

孩子的成长离不开家庭的教育，也离不开学校的教育。父母要注意加强和学校的沟通，定期和班主任联系，了解孩子在学校的学习和生活情况，支持学校的各项管理和教学安排，配合班主任布置的任务，使家庭教育和学校教育形成合力，共同促进孩子的健康发展。

（3）克服亏欠心理，积极履行教育责任

因为外出务工，不能长期陪伴在孩子身边，有些父母会觉得亏欠了孩子，总想从其他方面做出补偿，但这样对孩子的成长来说并不是最好的。原本孩子可能还会心疼父母在外赚钱的艰辛，但如果父母总是在孩子面前表现出愧疚感，孩子反而会觉得，“既然是你们对不起我，那我提什么要求都是应该的，我做什么事情都是应该的，我学习不好、品行有问题也是你们不在身边管教所造成的”，这样会让父母的管教陷入极其不利和被动的境地。外出务工也是在为家庭做贡献，只要在平时能尽到为人父母的责任，就不用过于内疚。如果条件允许，父母可以在寒暑假时把孩子接到身边，让孩子体会父母为了生活所做的努力，学会感恩父母。一旦发现孩子出现了问题，父母就应该明确地指出，不纵容，不逃避，积极履行父母的家庭教育责任。

延伸拓展

阅读推荐

》》 1.《亲密关系》(第6版)(著者:[美]罗兰·米勒,译者:王伟平;出版单位:人民邮电出版社)

本书是一本百科全书式的两性心理学专著,综合社会心理学、认知心理学、社会学、传播学及家政学等多个学科的理论和研究成果,将亲密关系与科学、情感与理性、理论性与实践性相结合,用饶有趣味的语言娓娓道来,结构清晰,逻辑严密,内容丰富,语言优美,既通俗易懂,又科学权威。

》》 2.《理性情绪》(著者:[美]阿尔伯特·埃利斯,译者:李巍、张丽;出版单位:机械工业出版社)

本书涵盖“一个真实的自我”“生育儿女的精神起源”“孩子无须事事征得同意”等内容,从心理学角度探索和观照亲子关系的方方面面,揭示了父母与孩子关系的本质——父母的觉醒与改变,才是教育真正的开始;父母只有安顿好自己的身心,才能帮助孩子成长为一个健全的人。

》》 3.《单亲家庭的正面管教》(著者:[美]简·尼尔森、[美]谢丽尔·欧文、[美]卡萝尔·德尔泽尔,译者:杨森、张丛林、林展;出版单位:北京联合出版公司)

单亲家庭不是“破碎的家庭”,单亲家庭的孩子不是注定会失败和令人失望的。有了努力、爱和正面管教的养育技能,单身父母就能够把自己的孩子培养成有能力的、成功的人。单亲家庭也可以是平静、安全、充满爱的家庭,单身父母自身也会成为更健康、更平静的父母。本书详细介绍了如何将正面管教的理念和工具运用于单亲家庭,非常适合单身父母阅读。

》》 4.《爱的五种语言：创造完美的两性沟通》（著者：［美］盖瑞·查普曼，译者：王云良、陈曦；出版单位：江西人民出版社）

本书带领读者跨越两性沟通的隔阂，引导读者填满自己和伴侣的“爱箱”，进行婚姻的内在变革。两性间的许多误解和争吵都是由于不了解或忽略对方的主要“爱语”造成的。当夫妻双方主动选择使用对方的主要“爱语”时，就能很好地发展与对方的亲密关系，并积极地处理婚姻中的冲突和失败。本书聚焦于两性沟通，但其深远的影响力，已远超婚姻辅导的范畴，成为各种人际关系的参考。

评估改进

一、自我评估

测测你的情绪稳定程度。

（1）你有能力克服各种困难。（　　）

A. 是的　　B. 不一定　　C. 不是的

（2）即使看到一只被关在铁笼里的猛兽，你也会惴惴不安。（　　）

A. 是的　　B. 不一定　　C. 不是的

（3）到了一个新环境，你的生活会发生什么变化？（　　）

A. 彻底发生改变　　B. 不好说　　C. 和从前一样

（4）你觉得常常能达到自己预期的目标。（　　）

A. 是的　　B. 不一定　　C. 不是的

（5）在小学时敬佩的老师，到现在仍然令你敬佩。（　　）

A. 是的　　B. 不一定　　C. 不是的

（6）不知道为什么，有些人总是回避你或冷落你。（　　）

A. 是的　　B. 不一定　　C. 不是的

（7）你虽善意待人，却常常得不到好报。（　　）

A. 是的　　B. 不一定　　C. 不是的

（8）在大街上，你常常避开你不愿意打招呼的人。（　　）

A. 极少如此　　B. 偶然如此　　C. 有时如此

（9）当你专心欣赏音乐时，有人在旁高谈阔论，你会有什么反应？（　　）

A. 仍能专心听音乐　　B. 不好说　　C. 烦躁且愤怒

（10）无论到什么地方，你都能清楚地辨别方向。（　　）

A. 是的　　B. 不一定　　C. 不是的

（11）你热爱所学专业和所从事工作。（　　）

A. 是的　　B. 不一定　　C. 不是的

（12）生动的梦境，常常干扰你的睡眠。（　　）

A. 经常如此　　B. 偶然如此　　C. 从不如此

（13）季节气候的变化一般不会影响你的情绪。（　　）

A. 是的　　B. 不好说　　C. 不是的

【评估参考】

第 2、3、6、7、12 题，答 C 得 2 分，答 B 得 1 分，答 A 得 0 分；其余各题，答 A 得 2 分，答 B 得 1 分，答 C 得 0 分。

总分 17～26 分：你的情绪稳定、性格成熟，能面对现实；通常能以沉着的态度应对各种问题，行动充满魅力，能振作勇气，有维护团结的精神。

总分 13～16 分：你的情绪容易波动，但仍能沉着应付一般问题。在大事面前，你有时会急躁不安，心情容易被环境所影响。

总分 13 分以下：你容易因情绪激动而产生烦恼；通常不容易应对各种困扰和挫折，容易被环境影响，难以面对现实，常常急躁不安。

二、改进计划

表 7.1 改进计划表

序号	我的收获	我的行动改进
例	我学会了与家人沟通时管理情绪的方法。	1. 产生负面情绪时要学会寻找原因，通过调整认知来调节自己的情绪。 2. 在情绪激动时不要急于表达或发泄，先觉察当下的感受。 3. 如果一时没忍住，对孩子发泄了情绪，要及时向孩子道歉。
1		
2		
3		